商业银行供应链金融
营销实战手册

Supply Chain Finance Marketing Practice Manual for
Commercial Bank

梁立身 著

中国金融出版社

责任编辑：贾　真
责任校对：李俊英
责任印制：张也男

图书在版编目（CIP）数据

商业银行供应链金融营销实战手册/梁立身著.—北京：中国金融出版社，
2020.8

ISBN 978-7-5220-0570-6

Ⅰ.①商…　Ⅱ.①梁…　Ⅲ.①商业银行 — 供应链 — 金融业务 — 市场营
销学 — 手册　Ⅳ.① F830.33-62

中国版本图书馆 CIP 数据核字（2020）第 058914 号

商业银行供应链金融营销实战手册
SHANGYE YINHANG GONGYINGLIAN JINRONG YINGXIAO SHIZHAN SHOUCE

出版
发行　中国金融出版社

社址　北京市丰台区益泽路 2 号
市场开发部　（010）66024766，63805472，63439533（传真）
网 上 书 店　http：//www.chinafph.com
　　　　　　（010）66024766，63372837（传真）
读者服务部　（010）66070833，62568380
邮编　100071
经销　新华书店
印刷　北京市松源印刷有限公司
尺寸　169 毫米 × 239 毫米
印张　14.25
字数　200 千
版次　2020 年 8 月第 1 版
印次　2020 年 8 月第 1 次印刷
定价　52.00 元
ISBN 978-7-5220-0570-6
如出现印装错误本社负责调换　联系电话（010）63263947

序　言

　　供应链金融基于真实贸易背景、可有效解决中小企业融资难、逆经济周期而行等特点，在当前经济新常态的形势下，具有重要现实意义，发展供应链金融业务，有利于降低企业杠杆率，改善商业信用环境，有力助推实体经济转型升级，代表了交易银行、贸易金融业发展的方向。与此同时，政策与监管调整、立法举措、互联网技术革新等也使我国供应链金融业务呈现出新的发展态势。

　　产业链中的资金大多以应收账款、应付账款的形式沉淀于各级节点中，使中小微企业容易出现流动资金"饥渴症"。供应链金融的创新可以激活产业链中的现有资金，充分发挥核心企业的信用和数据价值，促进资金的流动效率、降低融资成本，最终将提高产业链的运作效率、降低产业链的整体融资成本，为此本书也重点分析了不同行业的切入点。

　　回首过去，展望未来，我们被时代洪流裹挟向前，从五年前的视角，决然意料不到，技术的进步、服务的颠覆会给我们的生活带来如此大的变化。随着5G技术商用，区块链、大数据、人工智能的广泛发展，供应链金融的前景展望应在意料之中的触手可及。"物联网＋供应链"应会给物权融资带来新春，"区块链＋供应链"即将破解核心企业确权难的痼疾。

　　供应链金融最终是要实现物流、商流、资金流、信息流的"四流合一"。与传统金融相比，供应链金融不再单纯看重贷款企业的财务报表等静态数据，转而对企业的动态经营数据进行实时监控，将贷款风险降到最低。

　　供应链金融参与主体通过自建或者与大数据机构合作建立大数据平台，为贷款企业客户量身定制全方位、多维度的分析报告。可以依托大量的真实交易数据来源和大数据处理技术，计算出各标准数据的区间范围，通过上下游企业数据的匹配，对贷款企业客户的资信状况进行全面合理判断。

在利率市场化背景下，向交易银行方向转型成为国内商业银行的重要发展战略，交易银行承载了银行战略转型的三大方向，即轻资本、零售化和"互联网+"，已有多家商业银行将发展交易银行写入公司战略规划并成立相关部门积极落实。

一方面，外部经济环境是促进交易银行业务发展的"催化剂"。从宏观视角审视，中国经济进入"新常态"，整体经济增长节奏放缓；从银行业外部环境审视，在利率市场化、金融脱媒、竞争加剧等背景下，传统依赖利差收入的发展模式亟待改变。

另一方面，内部转型诉求是促进交易银行业务发展的"原动力"。传统商业银行转型已箭在弦上，需要从客户视角和客户需求出发，从发展路径、商业模式等宏观角度思考商业银行转型和可持续发展的问题。

作为最贴近实体经济发展的银行业务，交易银行是传统支付结算、贸易金融、现金管理等业务在全球化、互联网高速发展中的创新，是传统业务在更高阶段上的回归。

那么，怎样转型？"他山之石，可以攻玉"。综观全球交易银行的发展趋势，或许能为转型困局中的商业银行提供一条可参考路径。

一是具备较强的整合能力。国际一流银行围绕客户的交易行为，将产品、服务、流程、渠道、信息化系统、交易平台等重新整合，与客户的日常交易结合更加紧密，对客户的服务能力日趋全程化、综合化。波士顿咨询公司研究认为，将支付结算、现金管理、供应链金融、财富管理业务统筹管理和平台化发展已成为商业银行获得比较优势的关键因素。

二是拥有强大的信息技术支撑。交易银行业务单笔收益低，必须靠规模赢得效益；日常操作频繁，操作量大，必须具备强大的交易处理能力，而要及时、高效、准确地处理客户的交易需求，离不开信息技术的基础支撑。同时，互联网的快速发展，不断将金融交易嵌入场景，线上线下、跨银行、跨场景的统一账户体系，资金端和资产端的应用场景嵌入，可以使交易银行的产品与服务带来更大的价值。

三是产品与服务创新能力。很多国际一流的大型银行发展交易银行业务，先基于自身的优劣势进行顶层设计，再通过一行一策实现差异化的交易银行业务模式并循序渐进地推进，这样才能有效避免交易银行的同质化竞争，找到适合自身特色的发展路径。

四是风险管控能力。构建交易银行风险管理体系，是银行开展交易银行业务的必修课。同时，一些国际大型商业银行通过搭建客户交易平台，改善企业交易生态，对客户的商品、订单、价格、汇率波动等交易风险进行系统性管理。

在全球经济贸易发展低迷的当下，交易银行在商业银行发展战略中的地位越来越重要，今后越来越多的商业银行必将加快迈出交易银行的步伐。在这一过程中，交易银行的信息技术、整合与创新能力、风险控制能力等成为商业银行比拼的关键。

本人长期从事交易银行特别是供应链金融中相关业务，愚者千虑或有一得，本人在撰写过程中，许多师长、同事、朋友提供了丰富的资料和经验，并提出了不少宝贵的意见，在此致以深切谢意。内文中如有不当之处，敬请批评指正。

目 录

第一章　供应链金融业务发展情况分析

▶ **章节概要**

　　本章主要分析了国家对供应链支持政策、企业应收账款金额不断增加、法律环境不断优化、金融科技不断完善等供应链金融面临的发展机遇。同时，本章对供应链金融的定义、内涵及特点做了深入分析，对供应链金融的自偿性、操作封闭性、低信用风险、注重操作、用途特定化等性质做了深入的分析。本章重点分析了供应链金融的风险控制，对核心企业、上下游、贸易背景进行了分析，最后落足于供应链产业的选择，并且简要分析了如何对核心企业进行营销开拓。

　　供应链金融是指针对真实的交易背景，以核心企业信用为依托，整合供应链物流、现金流、商流、信息流等信息，对供应链上下游企业提供综合性金融产品服务。早在2001年，国内即有商业银行推出了动产、货权质押等融资业务，而后从自偿性贸易融资发展到系统性、综合性的供应链金融服务。国内的供应链金融实现了从无到有的快速发展，为推动实体经济发展，特别是对缓解中小企业融资困境作出了积极探索。

　　随着支持供应链创新发展的国家政策利好不断释放，法规环境逐步改善，行业领域不断扩展，业务模式和产品不断创新，融资渠道不断拓宽，供应链焕发出勃勃生机。供应链的创新发展是落实新发展理念的重要举措、供给侧结构性改革的重要抓手、引领和提升全球化提升竞争力的重要载体。

供应链是以客户需求为导向，以提高质量和效率为目标，以整合资源为手段，实现产品设计、采购、生产、销售、服务等全过程高效协同的组织形态。随着信息技术的发展，供应链已发展到与互联网、物联网深度融合的智慧供应链新阶段。

银行开展供应链金融业务，可以有效创新担保方式，创新信用风险缓释方式，拓展细分市场，降低资产占用，提高综合收益。因此，供应链金融在目前情况下蓬勃发展。

一、政策机遇与业务风险并存

金融是现代经济的核心和血脉。新时代需要商业银行供给金融新动能，贯彻新发展理念，以供给侧结构性改革为主线，全面推动供应链金融发展，切实提高金融服务实体经济水平。新时期，供应链金融迎来了国家政策、法律法规等众多利好。

（一）供应链金融外部环境利好频出

1. 国家战略布局

2016 年 2 月，中国人民银行等八部委联合发布《关于金融支持工业稳增长调结构增效益的若干意见》，专门提到大力发展应收账款融资，推动更多供应链加入应收账款质押融资服务平台，推动大企业和政府采购主体积极确认应收账款，帮助中小企业供应商融资等内容。

2016 年末，商务部等十部门联合发布《国内贸易流通"十三五"规划》，明确提及要稳步推广供应链金融。

2017 年 3 月，中国人民银行等五部门联合发布《关于金融支持制造强国建设的指导意见》（银发〔2017〕58 号），再次提及要大力发展产业链金融产品和服务，鼓励金融机构依托核心企业积极开展仓单质押贷款、应收账款质押贷款、票据贴现、保理等各种形式的产业链金融业务。

2017 年 10 月，国务院办公厅印发了《关于积极推进供应链创新与应用的指导意见》（国办发〔2017〕84 号），首次将供应链的创新与应用上升为国家战略。该意见鼓励银行及供应链核心企业等共享信息，通过建立供应链金融服务平台，为供应链上下游中小企业提供高效便捷的融资渠道。

2017年10月在中共第十九次全国人民代表大会上，提出在现代供应链领域培育新增长点、形成新动能。

2018年4月，商务部等八部委联合发布《关于开展供应链创新与应用试点的通知》（商建函〔2018〕142号），现代供应链成为培育新增长点，形成新动能的重要领域，成为供给侧结构性改革的重要抓手。

2019年7月11日，中国银保监会办公厅发布《中国银保监会办公厅关于推动供应链金融服务实体经济的指导意见》（银保监办发〔2019〕155号）。该意见包括五个方面22条指导意见，一是坚持精准金融服务，以市场需求为导向，重点支持符合国家产业政策方向、主业集中于实体经济、技术先进、有市场竞争力的产业链链条企业。二是坚持交易背景真实，严防虚假交易、虚构融资、非法获利现象。三是坚持交易信息可得，确保直接获取第一手的原始交易信息和数据。四是坚持全面管控风险，既要关注核心企业的风险变化，也要监测上下游链条企业的风险。

政策利好不断频出，从国家政策层面凸显了供应链在新旧动能转换，培育新增长点等领域的重要性。

2. 应收账款规模稳步上升

根据国家统计局相关统计数据，2018年末中国规模以上工业企业应收账款14.3万亿元，比上年增长8.6%，2018年中国规模以上工业企业实现主营业务收入102.2万亿元，2018年末中国规模以上工业企业应收账款占主营业务收入的比重为13.99%。

随着企业应收账款不断增加，企业衍生出了对应收账转让/融资，改善财务报表，解决资金流动性等较大的需求。

3. 法律环境不断优化

2018年12月，中共十三届全国人大常委会第七次会议对《民法典合同编（草案）》进行二次审议，保理合同作为《民法典合同编（草案）》第十六章列入二次审议稿，共计6个条文。保理合同列入《民法典》充分体现了"法与时转则治"。《民法典》不仅仅是我国既有民事立法、司法经验的总结和提炼，还符合时代发展的需要。

供应链市场广阔，但因缺乏专门的法律，各地法院对保理合同的性质认识不一致，导致裁判尺度不统一，集中表现为不同法院对保理合同的效力、保理商的审慎义务、债权转让通知有效性等内容的认识存在理解和适用上的差异。

因此，通过完善立法及制定司法政策将有力地促进保理行业的健康发展，有利于明确法律依据、统一裁判尺度，也有利于盘活应收账款，促进实体经济增长，以实现保障行业可持续发展的目标。同时，保理合同在《民法典合同编（草案）》上得以确立，能够更清楚地界定假借保理合同之名，无真实贸易背景或者虚构基础交易合同，从事票据贴现或贷款业务等违规操作，起到正本清源的作用。

4. 金融科技不断完善

金融科技方兴未艾正在对传统金融业务进行流程改造、模式创新、服务升级，并且在传统金融无法覆盖的领域延伸触角，依托大数据、区块链、人工智能、征信、云计算、移动互联等新科技手段，促进金融领域更好做到产融结合。

通过供应链金融创新，运用金融科技，共享信息，降低融资成本。对于银行而言，供应链金融具有低风险、期限短、自偿性的特点，即每一笔融资都有与其相对应的贸易项下的未来现金流作为直接还款来源，实际上形成了一个现金流的闭环，将违约损失概率降到最低。对于企业来说，通过在线确权，减少人工干预，降低人工成本，同时，融入金融科技，通过区块链、云技术等把控交易真实性，实现中小微企业信用增级，有效降低了融资成本，拓宽了融资渠道。

金融科技将真正改变传统生产生活方式，逐渐构建出新的生态，朝着线上线下结合、便捷性移动端、智能化方向发展。银行业中有不少有益探索，比如运用区块链技术在供应链应收账款上下游企业率先试点；又比如，用大数据分析增加传统"三表"外的多维判断，实现对客户精准画像，做到秒审秒批秒放款，在风险可控前提下极大提升服务效率。

（二）供应链金融的业务风险

我国经济结构、产业结构正经历变化调整，经济运行稳中有变、变中有忧，风险和困难明显增多。面对经济下行，部分企业融资偿债能力和偿债意愿下降，显性不良应收账款可能会进一步劣变，隐性不良应收账款难以继续藏匿。此外，随着供给侧结构性改革的深化，部分不符合转型升级方向的企业将面临较大的信用风险暴露压力，从而增加了保理产业的压力与风险。2018年，规模以上工业企业的流动性风险较2017年有所增加，并且有缓慢上升的趋势；规模以上工业企业应收账款增速高于同期主营业务收入增速0.2个百分点，企业资金周转状况仍未见好转。伴随着应收账款占流动性资产的比例的持续增加，影响了公司的资金周转速度和经营活动的现金流，造成企业负债率高居不下，给公司的营运带来了较大压力，债务违约、不良贷款等均有所上升，坏账风险、欺诈风险不断显现，保理商经营日趋审慎。

二、供应链金融的含义和特点

（一）供应链金融的含义及在国内银行发展情况

供应链金融正是以服务实体经济为导向，集合物流、资金、交易、信用等信息，利用融资和风险缓释的措施和技术对供应链流程和交易中营运资本的管理和流动性投资资金的使用进行优化，为供应链上下游中小微企业提供专业化和定制化的授信、融资、担保、结算、理财等综合性金融服务。供应链金融能有效解决供应链中游、上游、下游中小企业面临的授信核准、资金占压和买方信用风险等问题。

供应链金融在我国应用广泛，基本实现了全链条产品服务覆盖，无论在核心企业应收账款端，还是在应付账款端，都有相应的供应链融资产品满足需求，且随着互联网技术、大数据业务模式、区块链技术等发展，供应链金融不断延展服务半径，服务长尾客户，创新服务模式，焕发出勃勃生机。

（二）供应链金融的特点

供应链金融通过运用丰富的金融产品以实现交易过程中的金融服务目的，不同于传统贸易融资方式，其更是一种个性化、针对性强的金融服务过程，对供应链运作环节中流动性差的资产及资产所产生的现金流作为还款来源，提供全面的金融服务，并提升供应链的协调性和降低其运作成本，主要有以下四个特点。

1. 还款来源自偿性

供应链金融基于企业真实的交易背景，因此，产品设计的基础在于授信项下的基础资产支持，授信还款抓手归结于资产项下现金回流，如保理业务。

2. 操作的封闭性

企业资金流、物流、信息流一致，银行经办人员通过对物流、信息流进行审核，逐笔对应放款融资。闭合式的资金运作，即注入的融通资金运用限制在可控范围之内，按照具体业务逐笔审核放款，资金链、物流运作需按照合同预定的模式流转，如动产抵（质）押授信业务。

3. 注重操作风险控制

企业的信用评价权重相对降低，结合企业信用风险评价，主动债项评级核定业务风险。风险控制重心后移至操作环节的实时监控，信用风险与操作风险如跷跷板的两端，在操作环节把握业务实质风险情况下，企业信用风险相对降低。

4. 授信用途特定化

不单纯依赖企业客户的基本面资信状况来判断是否提供金融服务，而是依据供应链整体运作情况，以真实贸易背景为出发点。授信项下的每次出账都对应明确的贸易背景，做到金额、时间、交易对手等信息的匹配。

（三）供应链金融的适用行业

基于供应链金融的特点，供应链金融服务将集中在有以下几个特点的行业：

一是供应链行业需要背靠足够大的行业空间。支撑供应链金融业务的产业链需具备大体量的特点，否则金融业务容易触碰到天花板，影响甚至限制供应链金融业务的成长性。

二是拥有数量众多的上下游企业群体。融资痛点的存在是供应链金融业务的前提，上下游企业群体越庞大，其融资需求越无法得到充分满足。痛点越深、弱势上下游企业群体规模越大，供应链金融施展相对优势的空间越大。

欧盟发布的一份报告指出，即使是在金融体系发展相对成熟的欧盟国家，供应链金融业务的空间也十分巨大，同时报告指出最能衍生出供应链金融业务的行业分别是零售、制造、快消品、汽车等行业。

根据调查，目前国内供应链金融主要集中在计算机通信、家电、快消品、电力设备、汽车、化工、煤炭、钢铁、医药、有色金属等行业。

（四）核心企业营销

核心企业作为供应链上最重要的环节，是供应链金融服务方案设计、风险控制必不可少的一环。因此，获取核心企业的支持，对于推动供应链金融业务至关重要。

在与产业链上核心企业打交道时，核心企业可能会发出以下疑问：为什么要帮助供应商或销售商？供应商或销售商做大了对我有什么好处？采购部门或销售部门和财务部门意见分歧很大怎么办？我是否需要承担过多责任或工作量？

表1-1是一个核心企业在与银行通过用供应链金融产品合作前后，财务报表上关键指标的变化情况，通过翔实的、有说服力的财务数据，有力地证明了核心企业与银行合作供应链金融的益处。核心企业财务负责人不禁会问：这是用了银行哪款产品？

表 1-1　某核心企业三年财务报表核心指标比对

名称	2016 年（合作后）		2015 年（合作后）		2014 年（合作前）	
	金额（元）	比上年增长（%）	金额（元）	比上年增长（%）	金额（元）	比上年增长（%）
营业额	10500000000	28.05	8200000000	7.14	7000000000	1.11
税后利润	590000000	43.90	410000000	4.24	330000000	6.45
税后利润率（%）	5.62		5.00		4.71	
净现金流	1800000000	119.51	820000000	36.67	600000000	13.21
净现金流占营业额比例（%）	17.14		10.00		8.57	
预收账款余额	2600000000	236.36	1100000000	44.74	760000000	
预收款占营业额比例（%）	24.76		13.41		10.86	
总资产	8200000000		6500000000		5500000000	
其中：金融资产	2300000000	27.78	1800000000	20.00	1500000000	
所有者权益	5900000000		4200000000		3100000000	
银行贷款	150000000		100000000		200000000	
其他应付	480000000		360000000		270000000	

　　从表 1-1 中可以很明显地看出，核心企业年销售额、税后利润、净现金流、预收账款余额逐年增加，同时，银行贷款有一定比率下降。很明显，核心企业财务、销售都会对该种业务合作感兴趣，那么银行与核心企业是通过什么具体产品合作呢？在本案例中，双方的合作模式是保兑仓产品，在本书后续章节中将重点探讨保兑仓及其他供应链金融产品对核心企业的相关财务数据的优化情况。

　　与核心企业沟通时，应该着重引导和强调以下方面：营销核心企业总裁或董事长；拿出足够的、令人信服的证据，让核心企业高层明白其收益；尽量简化和减少核心企业配合工作量；优化融资方案，通过变通的方式让核心企业认为自己实际上没增加责任。

对核心企业几大优势：

一是优化供应链管理：支持优秀供应商或销售商发展，降低供应链整体成本；提高供应链产品品质和市场竞争力；提高对供应商或销售商的管理能力。

二是获取经济回报：逐步延长应付账款周期，提高资金沉淀；扩大可调度资金规模，增加财务运作空间。

三是强化领导力：桥接银行和中小企业，发挥桥梁作用；主动、有选择地提供信用支持，提高对小企业的影响力；融入银行业务风险管理体系，发挥信息的监督力量；组织、通知供应商或销售商，发挥领导作用。

第二章 商业银行供应链金融突围

▶ 章节概要

本章重点介绍了供应链金融中重要的金融产品，包括保函、订单融资、货物质押、应收账款融资、预付款融资、融资租赁、现金管理、票据、国内证等。

同时，众多商业银行纷纷发力科技金融，依托场景金融，瞄准交易银行作为转型方向，本章重点探讨了未来商业银行的转型重要方向。

物联网、云计算、大数据、区块链、人工智能等新一代信息技术不断演进和趋于成熟，加速渗透社会生活各个领域，催生数字经济蓬勃发展，推动整个社会和经济的深刻变革。其中，金融科技更是异军突起，通过信息技术与金融业务的深度融合，加快了金融创新步伐，金融科技能够降低交易成本，提升服务质量和效率，重塑客户体验，正逐步成为银行业转型的核心驱动力。

供应链金融具有完整的产品谱系，针对产业链上不同业务参与方适合不同的产品，不同产品间可互相搭配组合，满足不同产业链的个性化需求。

一、供应链产品组合

核心企业自身现金流充沛，寻求银行融资意愿不强，部分核心企业手中长期持有巨额货币资金，资金量庞大至百亿元，部分银行的支行乃至二级分行体量可能也不过几十亿元规模。在和企业交流中，企业融资意愿薄弱甚至笑谈可以给银行输血；或者在与银行交往过程中，核心企业议价能力较强，常常握有主动权，经常获取极为低廉的融资价格，在单笔业务收益核算时，银行甚至有可能收益为负，形成越做越亏的恶性循环。

围绕核心企业完整的产业链上下游，银行不仅仅可以为核心企业提供综合金融服务方案，还可以在金融服务方案中，探讨与企业上下游、产业链条上的供应商、经销商开展合作，如图2-1所示，对核心企业提供综合金融服务方案时，可综合考虑为其上下游企业提供服务方案。

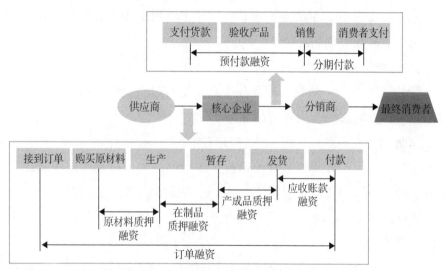

图 2-1　产业链上下游金融服务方案

（一）供应链上游产品组合需求

在锁定核心企业履行付款履约责任情况下，供应商资质得到了一定程度的增信，银行可以为供应商提供多种融资结算品种。

1. 保函

保函（Letter of Guarantee, L/G）又称保证书，是指银行应申请人的请求，向第三方开立的一种书面信用担保凭证。保证在申请人未能按双方协议履行其责任或义务时，由担保人代其履行一定金额、一定期限范围内的某种支付责任或经济赔偿责任。

供应商寻求与核心企业建立合作关系，满足核心企业供货准入门槛，供应商可使用招投标保函增信的方式，满足核心企业招标需求，同时，后续在供货、履约过程中，为保障货物、服务质量可以开立质量保函、履约保函等，进行信用增信。

2. 订单融资

订单融资是指企业凭信用良好的买方产品订单，在技术成熟、生产能力有保障并能提供有效担保的条件下，由银行提供专项贷款，供企业购买材料组织生产，企业在收到货款后立即偿还贷款的业务。

基于企业业务订单的融资模式是近年来针对中小企业融资难现象而出现的新型金融业务创新品种。

3. 货物质押/货权质押

货物质押业务（货权质押业务）是指银行以企业法人自有动产或货权为质押的各种形式的表内外授信业务。

在货物质押业务中，借款人将自有的动产（包括外购商品、库存原材料、库存产品等）或货权质押给银行，银行通过对质押物实施占有或监管而发放的一种短期流动资金授信业务（包括直接贷款、开立银行承兑汇票、商业承兑汇票保贴、开立信用证等业务），用于满足企业物流或生产领域配套流动资金需求。

制造类企业手中往往囤积了大量原材料、半产品、产成品，企业在经营周转过程中，可以将部分囤积的原料、产品抵押给银行，获得短期资金融通。近年来，货物质押的方式也有一定程度的创新，如平行车进口。

4. 应收账款融资

在供应商以赊销的方式将货物销售给核心企业获得应收账款债权，供应商将应收账款转让/质押给银行的情况下，向买方发出转让通知，并要求其付款至融资银行。银行的融资额一般为应收账款面值的50%~90%，常见的应收账款融资的产品如应收账款转让/质押、保理等。

（二）供应链下游产品组合需求

1. 预付款融资

针对下游经销商，融资方式主要集中在针对经销商预付给核心企业的账款，由核心企业承担调剂销售、回购或者退款承诺等相关责任的融资方式。

典型的预付款融资产品如保兑仓业务。保兑仓是指以银行信用为载体，以银行承兑汇票为结算工具，由银行控制货权，仓储方受托保管货物，承兑汇票保证金以外金额部分由卖方以货物回购作为担保措施，由银行向供应商（卖方）及其经销商（买方）提供的以银行承兑汇票为结算方式的一种金融服务。

预付款融资模式需要处于供应链中的上游供应商、下游制造商（融资企业）、银行、仓储监管方共同参与，即在供应商（卖方）承诺回购的前提下，融资企业（买方）向银行申请以卖方在银行指定仓库的既定仓单为质押的贷款额度、由银行控制其提货权为条件的融资业务。银行通过该模式进一步挖掘客户资源，同时以物权作担保，有利于降低银行所承担的风险；融资企业通过该模式获得的是分期支付货款并分批提取货物的权利，可以有效缓解企业短期的资金压力。

2. 销售款分期 / 分期收款销售

销售款分期 / 分期收款销售是指商品已经售出，但货款分期收回的一种销售方式。它属于现代企业运用的一种重要促销手段，一般适合于具有金额大、收款期限长、款项收回风险大特点的重大商品交易，如房产、汽车、重型设备等。从某种意义上说，它相当于出售商品企业给购货方提供了一笔长期无息贷款。

针对下游经销 / 终端消费者购买货物，但资金缺额的情况下，以核心企业承担担保的方式，银行可为下游经销商 / 终端消费者提供销售分期的服务。

3. 融资租赁

融资租赁包括直接租赁和售后回租两种形式。直接租赁是指出租人根据承租人的请求，与第三方（供货商）订立供货合同，根据此合同，出租人出资购买承租人选定的设备。同时，出租人与承租人订立一项租赁合同，将设备出租给承租人，并向承租人收取一定的租金。售后回租是将自制或外购的资产出售，然后向买方租回使用。

为了便于制造业企业扩大销售，制造业核心企业愿意支持部分下游经销商以融资租赁的方式，通过第三方租赁公司购买设备，以租赁的方式取得设备的使用权。

（三）现金管理

目前，企业集团、跨国企业往往有现金归集的需求，发展现金管理正当时。集团内部财务结算中心负责整个集团统一结算、统筹、规划、管理、调控资金，通过运用集团内部统一财务结算中心，可以实现资金有效调拨，加快资金周转，防止资金无效沉淀，克服集团内部企业资金短缺，获取资金使用的更大效益。目前，各家银行都较为重视该项业务，资金归集系统基本都已上线。

（四）银行承兑汇票

银行承兑汇票是商业汇票的一种，指由在承兑银行开立存款账户的存款人签发，向开户银行申请并经银行审查同意承兑的，保证在指定日期无条件支付确定的金额给收款人或持票人的票据。对出票人签发的商业汇票进行承兑是银行基于对出票人资信的认可而给予的信用支持。银行承兑汇票具有较好资信，承兑性强，流通性强，灵活性高，有效节约了资金成本。

（五）商业承兑汇票

商业承兑汇票是商业汇票的一种，是指收款人开出经付款人承兑，或由付款人开出并承兑的汇票。使用汇票的单位必须是在银行开立账户的法人，要以合法的商品交易为基础，而且汇票经承兑后，承兑人（付款人）便负有到期无条件支付票款的责任，同时汇票可以向银行贴现，也可以流通转让。

汇票到期后，银行凭票从付款单位账户划转给收款人或贴现银行。汇票到期若付款人账户不足支付，开户银行将汇票退收款人，由收、付双方自行解决。

（六）国内信用证业务

与银行承兑汇票一起作为企业间主要的结算工具，国内信用证是指银行应购货方（开证申请人）申请，向其出具的付款承诺，承诺在符合信用证所规定的各项条款时，向销货方（受益人）履行付款责任。

国内信用证是用于国内贸易货款支付的信用证，它是适用于国内贸易的一种结算方式。国内信用证是一种有条件的银行信用。因国内信用证风险资产占用较低，方便控制业务物权，有效防范风险，同时，结合目前自贸区跨境人民币资产转让业务的兴起，和票贷比考核限制，国内信用证目前越来越受到欢迎。

二、交易银行转型

交易银行起源于欧美发达国家，在全球范围内，交易银行已经成为银行的一个重要收入来源，规模与投资银行业务相当，交易银行具有抗周期性、资本占用少、客户黏合度强等特征。正因为如此，国内银行开始进一步提升对交易银行业务的重视，招商银行、浦发银行、中信银行、民生银行等同业都已逐渐发力组建交易银行部或提出向交易型银行转型的思路。

交易银行泛指商业银行围绕客户交易行为所提供的一揽子金融服务，是对传统的供应链融资、支付结算、现金管理、资金托管、电子银行渠道等金融服务的资源整合，并在原有业务基础上形成新的理念与业务模式。

凭借收入增长稳定、风险资产占用低、使用频率高、客户黏性强、业务壁垒明显等突出优势，交易银行将成为商业银行有效应对利率市场化、金融脱媒、互联网金融等多重因素叠加影响，积极寻求对公业务转型实践的必然选择。

随着金融体制改革不断深化，《巴塞尔协议Ⅲ》的实施对商业银行资本质量提出了更高要求，有效倒逼银行对轻资本业务的拓展力度，加大中间收入增长点。

（一）差异化探索

近年来，国内各商业银行就交易银行业务进行了一系列探索（见表2-1）。国内商业银行普遍意识到交易银行转型的重要性，但是源于对业务理解的区别，在组织架构构建与部门定位上，存在一定区别。

表2-1　不同商业银行交易银行部门设置情况

银行	设置部门	设立时间	交易银行业务定位
广发银行	环球交易服务部（GTS）	2012年	涵盖贸易融资和现金管理两大业务板块及对公电子渠道
中信银行		2015年	注重供应链金融、现金管理、保理、资产托管等重点业务，以票据为依托向交易银行转型
浦发银行	贸易与现金管理部	2013年	围绕"集团资金管理""跨境联动贸易金融""国内贸易供应链金融""企业集中收款"四大服务方案，集合了支付结算、贸易融资、跨境服务和财资管理等金融产品
民生银行	大交易银行部	2014年	以贸易金融业务为核心，打造"商行+投行"投贷一体化的业务模式
交通银行	金融市场业务中心	2015年	积极介入货币、债券、外汇及衍生产品交易等各个市场，扩大非信贷资金运作渠道和规模，优化资金投向与资产配置
招商银行	交易银行部（GTB）	2015年	涵盖供应链金融、结算与现金管理、跨境金融、贸易融资和互联网金融五大业务板块
中国银行	交易银行部	2018年	围绕客户的日常经营活动，提供覆盖需求对接、方案设计、产品交付和持续跟进的全流程服务，帮助客户降低成本，提升效率，并根据客户的经营情况变化，不断调整、优化服务方案，推动企业经营的稳定发展与持续增长； 覆盖存款、融资、收付、汇兑四大功能，打通境内境外、本币外币、线上线下，全面满足企业从内部资金营运到外部资金收付的业务需求

资料来源：根据公开信息整理。

在交易银行的框架下，国内商业银行纷纷立足支付结算，以现金管理为核心，以场景金融、供应链金融为突破口，发展延伸贸易金融，给客户提供完整的清算、融资、管理的一体化金融服务。

（二）机遇与挑战

值得注意的是，交易银行业务模式的打造必须以交易为中心。而商业银行多年构建的垂直组织管理架构，普遍形成了"总行—分行—支行"的三级组织管理体系。这种传统的组织管理体系分割业务条线与交易银行业务的开展不相匹配，阻碍了交易银行业务的拓展。交易银行业务跨部门、跨条线、跨产品服务，必须要对现有组织结构进行重新整合，涉及所有部门、分支机构的权责分配和考核。

实际上，越是大中型跨区域商业银行，其组织结构调整的难度越大。目前，交通银行、招商银行、中信银行、民生银行、中国银行等纷纷尝试成立总行一级部门——交易银行部，来推进交易银行组织结构的调整。但部分商业银行在促进交易银行快速发展的组织管理体制上还未能形成专业化、系统化、平台化、扁平化。

同时，交易银行业务围绕供应链上下游客户交易行为而展开，它将打破传统的单一风险管理体系，对商业银行风险管理水平提出了新的考验。而伴随交易银行业务的开展，交易数据信息将呈几何倍数增长，隐含交易对手风险不断凸显。如果商业银行不能充分有效地利用交易数据重构风险管理模型和体系，那么其不仅不能获取稳定的中间业务收入，而且还将加大自身面临的风险。因此，加强交易银行风险管理研究，构建交易银行风险管理体系是商业银行开展交易银行业务的必修课。

此外，金融全球化的发展速度明显提高。从国家层面来看，中国高度重视"一带一路"建设、自贸区建设、人民币国际化，这将为中资商业银行大力发展交易银行业务提供历史性机遇。"一带一路"倡议的逐步落实将给跨国贸易业务、跨国资金管理、货币汇兑等交易银行业务带来巨大的增长空间。中外企业境外跨境大额贸易、外汇资金集中运营管理、跨境人民币支付结算融通等都将成为交易银行业务新的增长极。

（三）突破的方向

交易银行创新体现出来的线上化、平台化和生态化趋势都离不开金融科技的应用。未来交易银行业务的发展方向：一是以场景为入口，依托场景化供应链金融获得突破；二是重视交易数据，围绕企业的交易行为，提供综合金融服务方案。

银行的场景化营销本质上依然服从于"以客户为中心"这一战略核心。场景化金融营销是基于银行思维，对复杂的流程和产品进行再造，将金融需求与各种场景进行融合，实现信息流场景化、动态化。对用户而言，在特定场景下通过自然平滑的嵌入金融产品，简化了复杂的业务流程，获取金融资源变得相对容易。对银行而言，通过场景化服务使现金流处于可视或可控状态，让风险定价更为准确，从源头上锁定客户，通过搭建渠道引入客户。

（四）实施的路径

第一，账户和数据管理是交易银行的核心。公司银行业务所涉及的交易业务不仅涵盖各类实体经济活动，同时也应将其他各类价值交换过程全部涵盖。用全新、更具拓展性的思维赋予交易银行新的内涵，即围绕各类交易行为，以账户管理为核心，以掌握信息流、资金流和物流为基础，通过设计不同形式的产品为客户提供匹配性的服务，辅以各类技术手段提升产品服务的获得性及客户体验感，以此构建交易银行的核心业务模式。

第二，一体化业务及管理架构设计是新型交易银行构建的基本要求。在向交易银行转型实践中，应对交易银行概念进行深层次思考，加强对交易银行整体构建的规划。这不仅包含核心业务及产品模式的整合，同时还应在这种新的理念下建立起一整套组织管理体系，真正实现"以客户为中心"的管理模式。

根据交易银行的特性，在组织设计方面需要与传统银行进行区隔管理。应弱化部门边界，打通部门与部门间的藩篱，推动原有部门的内部整合。同时，通过跨部门的项目管理机制，实现客户的专业经营管理与产品供给的有效整合。

第三，互联网思维及信息科技是交易银行的核心技术支撑。互联网信息技术的涌现，极大地推动了金融业务形态的发展和变化。当越来越多的行为可以被识别和分析的时候，将积累巨大的数据资源。对数据信息的整理清洗、交叉验证、关联映射、统计分析，可为银行提供准确的营销和风控决策依据。

同时，移动互联网、物联网和区块链技术在交易业务中的广泛应用，不断将金融交易嵌入线上线下、跨银行、跨场景的统一账户体系，资金端和资产端的应用场景嵌入，可以使交易银行的产品与服务带来更大的价值。

第四，利用大数据实现精益管理是新型交易银行运营管理的根本目标。受制于社会信用环境，银行业一直依赖抵押担保，风控手段相对单一。而利用交易银行各类业务过程中收集和积累的大量数据沉淀，可以对客户进行更为细致的分析、精准的画像、准确的判断，从而摆脱抵押物的单一抓手。

第五，加强风险管控能力是向新型交易银行转型的有力保障。构建交易银行风险管理体系，是银行开展交易银行业务的关键环节。银行通过搭建客户交易平台，改善企业交易生态。同时，对客户的商品、订单、价格、汇率波动等交易风险进行系统性管理。

三、供应链金融场景化突围

线下业务竞争逐步进入存量竞争时代，为更好地强化前端客户营销，批量导入客户，优化过程管控，精确风险定价，从源头上锁定客户，可以通过场景化、渠道化营销客户。通过流程再造，在真实交易环节平滑嵌入金融产品。

供应链金融基于真实贸易背景，在特定场景下服务交易双方，天然的自偿性属性，使其具备成为商业银行场景化营销的较好的切入点。具有丰富场景入口、掌握大量用户数据的将成为商业变现的突破口，场景金融巨大的发展空间，也为银行加快经营模式的转型提供了方向。

通过选择产业链纵深长、可批量获客的行业，利用大数据、线上化，拓展特定场景下如政府采购，核心企业产供销（见图2-2），推动银行长尾客户规模化增长。

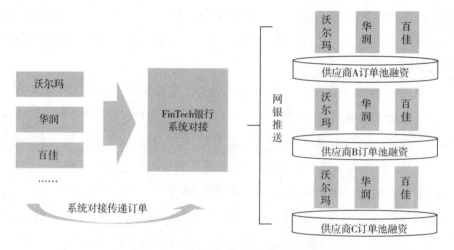

图2-2　核心企业采购特定场景

（一）供应链场景金融的深度挖掘

越来越多的国内商业银行开始尝试探索金融场景化布局。工商银行已经发布了全新互联网金融品牌战略，工商银行的电子银行转型思路是"从做功能到做场景"；民生银行推出了适应各类场景的"通"系列产业互联网金融产品，为客户提供了"一点接入、服务到家"的全新体验，形成了场景化交易银行产品体系（见图2-3）。

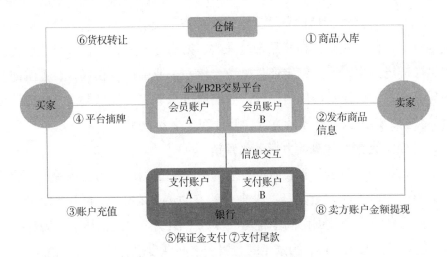

图 2-3　供应链场景闭合流程

银行应该立足与客户的消费场景数据，对接客户在不同阶段的不同场景而构建自身的业务系统和客户运营系统。在金融场景化已经成为大势所趋的时候，银行需要从技术和服务入手，提升自身竞争力，融入场景化交易浪潮中。

（二）平滑对接供应链金融产品

供应链金融自身有较为完整的产品谱系，诸如针对上游供应商的保理、国内信用证，针对下游经销商的保兑仓、厂商赢等，完整齐备的供应链产品需要嵌入在不同场景中，引导供应链上下游企业在完成结算、兑付、备款过程中自动平滑链接到相应的金融产品。

离开特定场景，供应链金融如无本之木；离开供应链金融，场景磨合如缺乏润滑剂。供应链金融场景通过满足企业在特定阶段特定场景下的采购销售需求，通过提供齐全的账户体系，完备的金融产品，提高客户场景黏性，实现资金体内循环，减少授信风险，增强收益。

（三）对接闭环场景，升级供应链金融

在传统渠道基础上，积极寻找场景，打造线上化作业模式。通过线上入口引流客户，积极推动从传统的线下作业模式向业务申请、审批、放款等环节的线上化和自动化，将银行产品和服务嵌入到具体应用场景中。

供应链金融因天然的贸易背景真实可查，交易闭环，具备良好的场景金融升级迭代的基础，在药品带量采购、招投标招采、工程项目建设等诸多供应链场景中，通过锁定还款来源、核心企业确认应收账款、下游回款闭环等方式，促使资金体内循环，后期通过积累客户信息数据，验证历史交易数据，通过数据建模的方式，验证客户交易真实。

（四）大数据计算助力场景化营销

大数据分析及云计算技术的发展为记录、预测、研判消费者、企业的行为提供了可能和有效路径。未来，随着 Data Exchange 的不断发展，企业间的信息分享和数据协同也将不断深入，围绕用户线上线下行为数据分析，进而产生营销内容，场景化助力银企之间深度融合将成为营销新常态。

（五）数据风控有效提高供应链金融场景中风险防控能力

在线供应链金融利用互联网技术对于数据的收集分析处理能力，依靠数据的处理分析去建立完善中小企业的信用评价，从而弱化核心企业在供应链金融模式中的作用，并且依靠互联网，核心企业可以将交易数据实时上传，平台可以对数据实时分析，从而去预测把控中小企业的一个运营情况，供应链金融服务实体经济、中小企业模式和维度依靠金融科技得到了很好的完善和延伸。

（六）商业银行供应链场景金融发展路径探析

1. 主动思变，积极应对，稳妥布局，创新商业银行特色化场景之路

互联网经济时代，众多寡头利用自身资源禀赋，纷纷跨界涉足金融领域，腾讯、阿里纷纷成立互联网银行。同时，众多独角兽企业在垄断特定场景的情况下，纷纷寻求主动对接银行，"打败你的往往不是竞争对手"。面对这一情况，商业银行唯有积极应对，主动思变，有效整合渠道资源，充分抓住发展机遇，准确面对当前挑战，主动对接社会需求、市场需求、客户需求，才能创新、精细、融合出一条商业银行特色的金融场景化发展之路。场景化金融的本质还是金融，商业银行除在产品研发、资源整合、财富管理、资产管理及风险管理等核心能力方面重点关注、投入外，可以寻机在医疗、教育、汽车配套、旅游等多种场景下的供应链金融方面的需

求，部分项目具备天然的场景化营销优势。

2. 综合优势，简便渠道，开拓商业银行普惠性场景之路

银行最大的痛点在于大量的银行应用场景被互联网企业占据，特别是在衣、食、住、行等生活消费场景，互联网金融依托其自身小贷优势不断拓宽获客渠道。因此，商业银行只有坚持以账户为支付基础、以产品为创新亮点、以场景为获客渠道、以服务为核心体验，紧紧抓住供应链场景金融这一风口，才能吸引和留住客户。

商业银行应综合优势，发挥供应链金融作用，大力开拓轻便的服务渠道，进一步提升电子渠道的便捷程度，拓宽获客渠道。

3. 拓展合作，深挖需求，打造商业银行生态化场景之路

一是按照客户的基本特征、服务需要、思维模式和行为习惯，建设场景化供应链金融客户服务系统，精细化满足客户场景化金融服务需求。

二是通过多方合作，对接网商、制造业、商业、交通业、医药业、健身娱乐业、电信业等众多供给方，接入消费金融、生活服务、健康保健等更多外部互联网应用。

三是通过深挖需求，依托衣、食、住、行等生活场景建设更多场景完整、功能完善、体系完备的互联网生态圈，全力构建出良好的金融场景化生态系统。

移动互联网时代要着眼于场景化运营。银行可针对各个场景要素各自属性特征进行产品模块设计。值得注意的是银行在产品设计和研发时，应努力由银行思维、产品思维向客户思维、互联网思维进行转变，由原有的经营存贷款、经营产品转向经营用户、经营营销网络，努力满足用户在线、实时的需求，这将在很大程度上决定产品的思维高度。

在连接用户和产品的时候要充分考虑到场景的作用力，在场景内容建设上做得更有体验深度和感知温度，这样的场景化营销才能更好地满足用户需求，实现流程上的闭环。在线供应链金融围绕产业链业务场景，进一步挖掘交易数据内涵价值，以信息科技为支撑，持续打造供应链融资竞争优势，打通金融"活水"流向"最后一公里"。

四、在线供应链金融探索

在线供应链金融是指通过利用互联网技术对于数据的收集分析处理能力，依靠数据的处理分析去建立完善中小企业的信用评价，通过建立数据模型，减少对核心企业信用传导依赖，云计算、区块链、大数据、人工智能、征信、移动互联等金融科技手段的快速迭代和应用，为供应链金融业务创新和风险管理带来新的挑战和机遇。金融科技将真正改变传统产品和风控方式，逐渐构建出新的生态，朝着线上线下结合、便捷性移动端、智能化方向发展。

金融是现代经济的核心和血脉，以服务实体经济、回归业务本源为主线，全面推动数字金融发展，切实提高金融服务实体经济水平。供应链金融创新，可以通过对核心企业及其上下游的供应链进行整体评价，运用灵活创新的金融产品与服务，依托大数据、区块链、人工智能、征信、云计算、移动互联等新科技手段，并以企业交易形成的能在未来产生的现金流作为直接还款来源，以闭合化的运作模式为供应链生态各交易环节提供专业化、规模化、综合化的金融服务。供应链金融创新发展能够实现物流、资金流、信息流等合一，实现多方合作共赢，取得良好效果。

五、大象起舞——不同银行实践

交易银行是商业银行创新服务模式、转变管理理念、拥抱新技术优势下传统公司银行转型的成果，是数字化时代下的公司银行。当前交易银行已经成为国内各类商业银行业务转型的聚焦点与发展方向，部分国有大行和股份制银行，以及城市商业银行已经在交易银行发展之路上开始收获一定程度的成功。

（一）招商银行：科技赋能下交易银行的平台模式升级

招商银行以"促转型、调结构、提质量"为方向，推动公司金融发展模式深度转型，着力打造差异化竞争优势。坚持投商行一体化，全方位发挥公司金融整体优势，深入推进交易银行和投资银行两大转型业务协同发展，构建领先的交易银行和投资银行业务体系。

2015 年初，招商银行合并原现金管理与贸易金融两大业务部门，成立总行一级部门——交易银行部，成为国内首家成立交易银行部的银行。招商银行交易银行业务围绕"为客户创造价值"这一发展思路，在结算与现金管理、贸易金融、跨境金融等业务板块，通过创新的产品、专业的服务、高效的系统，为客户提供便捷的一站式解决方案。2017 年，招商银行全新定位金融科技银行，提出将交易银行向平台银行升级，以金融科技作为金融创新的重要抓手，在模式探索、业务融合、支撑系统建设及以客户为核心的金融服务创新等多方面持续寻找突破。

从突破银行账户属性限制入手，解除了公司客户与银行账户的强耦合关系，全面运用 FinTech 核心技术，打通线上下、O2O、即期、远期、信用购销等应用场景，针对基础客群及产业客群分别打造了开放、智能、互联网化服务对客服务平台。在交易银行平台银行定位驱动下，招商银行将原来单一资金管理系统，升级为以企业财务、金融资产、资源管理为核心的财资生态平台，通过对纷繁复杂的金融业务进行标准化、定制化设计，将其精准嵌入到每一个财资管理场景中，为企业搭建囊括业务流、信息流、资金流、物流整体设计的财资管理开放应用平台。

1. "融资＋融智＋融器"的智慧供应链金融体系

融资是向实体产业链注入资金资源的行为。按照轻型银行的发展目标，融资已经不局限于银行传统的表内外资金，而是广泛组织理财、ABS、互联网平台等社会化资金。

融智是向实体产业链输出金融服务能力，包括商业模式设计、交易结构安排、资产运营管理、外部资源整合和大数据金融信息化等一揽子服务。比如，资源组织类供应链金融业务，就是帮助核心企业构建"有数据、有风险参与、有闭环、有增信和小额分散"的"四有一小"产业自金融体系，服务于核心企业产业链闭环的投资和融资。

融器是招商银行充分发挥 FinTech 技术应用优势，向客户提供基于

FinTech 的金融 IT 基础设施。比如，服务于核心企业产业互联网交易过程电子化登记的 E+ 账户系统；服务于核心企业供应链管理的"产融协作平台（S-CBS）"；服务于核心企业自金融体系中多级供应商的 E+ 融票平台等。

2. 智慧供应链金融服务

E+ 账户是招商银行嵌入产业贸易场景的金融基础设施，包含核心企业、上下游企业、各类资金方、各类风险参与方、物流仓储方等。E+ 账户已将存、货、汇三项服务打通。

E+ 融票是基于债权拆分转让原理，为核心企业构建多层级的债权登记、转让、流转平台，可视同于核心企业自己发布的虚拟电子货币。

资源组织供应链金融业务是招商银行依托在供应链金融领域的专业能力，为客户提供的一揽子集方案设计、系统对接安排、操作支持等的综合化金融服务，并由招商银行组织、撮合各类内外部资金。

（二）中信银行：开启交易银行 3.0 生态金融时代

中信银行是国内首家建立交易银行专属品牌的商业银行，通过构建交易银行金融服务平台，将客户、产品、渠道有机整合，为客户提供一站式综合化交易银行服务。目前，中信银行依托公司银行业务的发展优势，不断强化交易银行业务的综合化服务能力，交易银行业务规模逐年扩大，该行将持续推进交易银行 2.0 建设，优化公司网银功能，强化客户交易的高效便捷性，提升客户体验。

中信银行"交易 +"重点创新如下：

一是推出"生态金融云"，应用云技术等新技术服务手段，为客户提供分层、综合、不止于金融的专业服务。

二是与高校合作开展交易银行创新实验室项目。

三是交易银行 2.0 项目一期上线，与百度合作研发网点智能机器人，开展微信购汇预约提钞等服务，从而实现客户交易银行渠道可售产品的全流程服务。

四是公司金融板块产品创新有序推进，对 12 家产品创新基地正式授牌。

　　五是数据融资创新项目稳步开展，完成了可行性研究报告及发展规划，并启动了模型体系及系统开发。

　　此外，中信银行于 2017 年 5 月 23 日重磅发布了生态金融云平台，以承载未来中信银行的交易银行服务。中信银行生态金融以客户为中心，整合专业厂商和社会资源，并通过客户分层和服务分层，实现大生态中的小生态，提供生态化解决方案。在这个平台中，中信银行构建统一的分层融资服务平台——以自身为主导，联合城市商业银行、农村商业银行、小额贷款公司、基金理财公司、P2P 公司等，形成生态金融服务联盟，协同提供分层融资服务；搭建一套完整的交易银行系统，包含跨行账户管理、流动性管理、多银行支付结算、统一资金管理、智能配资、在线交易及供应链金融、在线理财信贷、资金托管、手机 APP 等金融服务。

　　目前，中信银行围绕大健康产业、大建设产业、快消品行业、大汽车产业已经有了生态金融的典型案例，如汽车生态圈、医药生态圈、电商平台、财资管理 MBS 云平台等。

（三）民生银行：打造场景化的交易银行产品体系

　　随着互联网对实体经济的生产模式、商业模式等的影响越来越大，企业对于互联网金融、场景金融的需求也越来越强。面对这样的新形势与新需求，民生银行积极探索公司金融新型服务模式，于 2016 年顺应行业发展趋势在总行层面成立了交易银行部，并在各分行成立交易银行部负责辖区交易银行业务的推动与管理。

　　民生银行聚焦广大企业互联网化转型中的金融需求，注重构建开放式的外部接口，与人民银行、国家市场监督管理总局等政府部门，以及互联网交易和商务信息平台深度合作，基于实体商家的线下商业环境及交易信息，建立商流、物流、信息流、资金流合一的风险控制模型，可实时在线获取押品价格信息、物流动态信息及交易信息，实现客户信息从单一化向多元化和立体化转变，为企业融资业务由线下式、手工化运作模式向数字化、智能化授信业务模式跃变奠定了基础，大幅提升了客户体验。

（四）兴业银行：批量获客

兴业银行将交易银行紧密地嵌入企业经营的产业链之中，通过接入企业的产业链平台或直接为客户提供标准化的产业链协同平台，掌握客户的"三流信息"（物流、资金流、信息流），为客户提供更加高附加值和高黏性的服务。从获客方式来看，随着互联网的普及，客户的经营模式也在发生本质变化，客户更多地从单一企业的经营衍变到与上下游全产业链的交互经营，同时也更加注重商业圈的建设和口碑营销。在这种形式下，银行从现有的"关系营销、一对一营销"模式逐步向"批量营销、批量拓客"的模式转变。此外，兴业银行交易银行依托商业生态圈，充分利用"互联网+"的理念，注重平台上的口碑营销、用户推介、信息分享等社交属性，在扩大流量导入的基础上盘活存量客户，提高交易活跃度。

（五）浦发银行："5-4-3"交易银行战略新布局

2016年2月，浦发银行将贸易与现金管理部调整为交易银行部，定位为总行一级部门，成为国内首批最早搭建交易银行架构并整合业务的商业银行之一。

浦发银行交易银行组织架构的调整打破了公司、零售、结算、渠道等各部门的壁垒，将各部门统一到交易银行目标下，减少了不必要的资源浪费、内部竞争与重复建设，释放了充分的生产力。

2018年，浦发银行交易银行部更名为交易银行部（普惠金融部），继续聚焦小企业、科技金融客户等重点客群经营,强化产品渗透、风险管理、资源整合、渠道支撑，带动公司客户数快速发展。负债端从无差别经营向分层分类经营转变，推出小企业专属存款产品；资产端围绕核心企业批量获客，落地"京浦e账通""京浦e商贷"；推出线上供应链金融"政采e贷"和"票据池秒贷"等创新产品及云资金监管服务2.0版、e企行综合服务平台等财资特色服务。

浦发银行交易银行部在整合现金管理、贸易金融、贸易服务业务的实践基础上，形成了交易银行部门架构。浦发银行交易银行部提出集产品、客户、渠道、服务四位一体，前台、中台、后台相融合的"5-4-3"交易银行战略布局。

五类重点客群与五化经营思路。浦发银行交易银行在客户定位上针对弱周期、大流量、公私联动、轻资产、高频度五类客群，聚焦重点客户，挖掘客户实际需要，提升交易银行服务内涵。通过梳理客户视图、提供交易银行综合化服务方案来增强客户黏性，做深客户合作，提升批量获客能力，打造自动、高效的交易银行服务体系。

在经营思路上，浦发银行交易银行践行五化特色，分别如下：

一是产品加载渗透化。在产品设计理念中，渗透贯穿互联网思维、投行思维和供应链思维，主动跨界到新兴金融服务领域为客户撮合低成本的采购和高效的销售渠道，为交易链条各节点的参与企业嵌入交易银行产品和服务。

二是系统建设数字化。在大数据集成的基础上，着力打造在线融资、电商金融、跨境金融平台，重视交易数据的获取、利用和共享，不断提升交易银行业务系统与外部信息对接能力，实现客户业务办理便利高效。

三是资源整合集团化。建立集团视野格局，加强集团内互联互通，充分发挥浦发集团经营综合平台优势，贯彻集团化、数字化、国际化经营理念，提升交易银行服务升级。

四是风险管理链条化。从单点风险管理模式向链条风险管理模式转变，建立产业动态风险监控机制，切实有效实现风险预警，强化风险控制，推进实体经济健康、有序发展。

五是服务支撑全球化。伴随企业交易链条的国际化，延伸交易银行服务触角，运用浦发银行离在岸、自贸区、海外分行联动优势，顺承人民币国际化和"一带一路"倡议，建立全球统一的交易银行服务体系，助力企业拓展海外市场，顺利实现"走出去"。

四维组织架构与四大产品服务。浦发银行在交易银行内部架构上以客户、产品、渠道和服务为基础搭建四维组织架构，通过前台、中台、后台联动，推动交易银行业务协调发展。

产品服务研发推广上，形成集财资管理＋电子银行＋跨境金融＋供应链金融为一体的四大产品服务体系，延伸交易银行服务边界。

三种跨界思维与三项核心能力。浦发银行交易银行部坚持以客户需求为中心，以交易需求为导向，运用三种跨界思维，即投行思维、互联网思维和供应链思维，将交易银行产品与服务嵌入客户生产经营全过程，增强交易银行服务水平。充分发挥交易银行在业务过程中整合产业链、嵌入全流程、服务生态圈三项交易银行的核心能力，依托集团资源禀赋，延伸国际视野格局，深入参与企业的经营发展。

（六）广发银行："数据＋平台＋互联网"下的创新和精益服务

广发银行经过数年来的业务实践和磨合，已将交易银行的基因渗入广发银行的组织架构、产品体系、服务模式、总分支行协作方式、资源配置等整体运作之中，开启交易银行全面定制化的 2.0 时代。

广发银行交易银行业务半径横跨贸易融资、现金管理、支付结算、供应链金融、跨境金融、互联网金融、对公移动金融等众多领域；构建起包含企业网银、现金管理系统、银企直联、手机银行、微信银行、电话银行在内的全渠道系统；实现从线下到线上，从人工到智能，从 PC 到移动端的专业服务，可围绕企业全流程交易，灵活变换业务模式，提供集结算、融资与财资增值于一体的全套金融服务方案。

广发银行在交易银行服务方面的创新和持久的精耕细作，其创新和精益服务主要体现在以下四个方面：

一是大数据风控＋全线上操作，加快供应链周转速率。广发银行运用互联网技术，全线上化操作保障全国各地经销商都可以足不出户地轻松获取低成本融资。在贷后环节，广发银行设立风险控制模型，帮助企业把控经销商的经营状况，对潜在风险提供实时预警。

二是个性化电商平台方案，提速跨境收付。基于电商平台特有场景，广发银行已研发推出了支付机构快速跨境收付款综合解决方案为满足跨境交易真实性要求，广发银行与电商平台汇聚支付合作，将电商的"三单"（订单、物流单和支付单）信息和跨境申报信息合二为一，并提供系统自动审核功能。

　　三是互联网思维，解决家装行业收付痛点。针对传统家装行业传统模式下标准化程度低、规范化程度不足、企业运营机制落后等痛点，广发银行与目前中国最大的互联网家装平台——齐家网合作，建立起了家装行业内领先的闭环服务，设计出了独特并符合行业特点的支付、担保、结算流程，不仅为消费者带来了颠覆性体验，也极大地提高了平台上商家的服务、风险管控及运营水平。

　　四是组合式服务，优化集团资金管理。中国正通汽车服务控股有限公司是一家汽车经销商集团，在全国已拥有百余家门店，集团财务管理压力大。广发银行通过运用"联动支付＋慧记账＋集团资金池"产品组合，链接了企业财务管理的各环节，重塑企业结算体系，实现收、付两条线的全面自动化运作，企业财务管理自动化水平大幅提升，大大节省人力成本。此外，由广发银行直接发起海外的银团贷款，打通境内外资金融通渠道，有效降低了企业财务成本。

第三章　供应链融资的风险控制

▶ **章节概要**

　　我国供应链金融市场发展迅速，对提升金融服务实体经济质效，改善民营企业、小微企业金融服务发挥了积极作用。但与此同时，供应链金融风险及案件的频发也不容忽视。本章主要分析了供应链金融中的主要风险、供应链金融案件的主要特点、风险点及防控特点。基于供应链金融中，关键点在于核心企业的选择，因此本章还重点讨论了核心企业的选择标准。

　　风险的本质是信息不对称造成的，风险管理的关键是对资金流、物流、信息流的把控。近年来，我国供应链金融市场发展迅速，对提升金融服务实体经济质效，改善民营企业、小微企业金融服务发挥了积极作用。与此同时，近期已发生多起针对供应链金融实施的外部欺诈案件。据初步统计，案件涉及数十家机构，涵盖银行、信托、金融租赁等领域，涉案金额超百亿元，其潜在风险值得高度关注。

一、供应链上主要风险类型

（一）核心企业信用风险

在供应链金融中，核心企业掌握了供应链的核心价值，担当了整合供应链物流、信息流和资金流的关键角色，商业银行正是基于核心企业的综合实力、信用增级及其对供应链的整体管理程度，对上下游中小企业开展授信业务，因此，核心企业经营状况和发展前景决定了上下游企业的生存状况和交易质量。

一旦核心企业信用出现问题，必然会随着供应链条扩散到上下游企业，影响到供应链金融的整体安全。

一方面，核心企业可能因信用捆绑累积的或有负债超过其承受极限使供应链合作伙伴之间出现整体兑付危机。

另一方面，当核心企业在行业中的地位发生重大不利变化时，核心企业可能变相隐瞒交易各方的经营信息，甚至出现有计划的串谋融资，利用其强势地位要求并组织上下游合作方向商业银行取得融资授信，再用于体外循环，致使银行面临巨大的恶意信贷风险。

（二）上下游企业信用风险

虽然供应链金融通过引用多重信用支持技术降低了银企之间的信息不对称和信贷风险，通过设计机理弱化了上下游中小企业自身的信用风险，但作为直接承贷主体的中小企业，其公司治理结构不健全、制度不完善、技术力量薄弱、资产规模小、人员更替频繁、生产经营不稳定、抗风险能力弱等问题仍然存在，特别是中小企业经营行为不规范、经营透明度差、财务报表缺乏可信度、守信约束力不强等现实问题仍然难以解决。

与此同时，在供应链背景下，中小企业的信用风险已发生根本改变，其不仅受自身风险因素的影响，而且还受供应链整体运营绩效、上下游企业合作状况、业务交易情况等各种因素的综合影响，任何一种因素都有可能导致企业出现信用风险。

（三）贸易背景真实性风险

自偿性是供应链金融最显著的特点，而自偿的根本依据就是贸易背后真实的交易。在供应链融资中，商业银行是以实体经济中供应链上交易方的真实交易关系为基础，利用交易过程中产生的应收账款、预付账款、存货为质押／抵押，为供应链上下游企业提供融资服务。

在融资过程中，真实交易背后的存货、应收账款、核心企业补足担保等是授信融资实现自偿的根本保证。一旦交易背景的真实性不存在，出现伪造贸易合同、融资对应的应收账款的存在性／合法性出现问题、质押物权属／质量有瑕疵、买卖双方虚构交易恶意套取银行资金等情况出现，银行在没有真实贸易背景的情况下盲目给予借款人授信，就将面临巨大的风险。

（四）业务操作风险

操作风险是当前业界普遍认同的供应链金融业务中最需要防范的风险之一。供应链金融通过自偿性的交易结构设计及对物流、信息流和资金流的有效控制，通过专业化的操作环节流程安排及独立的第三方监管引入等方式，构筑了独立于企业信用风险的第一还款来源。但这无疑对操作环节的严密性和规范性提出了很高的要求，并造成了信用风险向操作风险的位移，因为操作制度的完善性、操作环节的严密性和操作要求的执行力度将直接关系到第一还款来源的效力，进而决定信用风险能否被有效屏蔽。

（五）物流监管方风险

在供应链金融模式下，为发挥监管方在物流方面的规模优势和专业优势，降低质押贷款成本，银行将质物监管外包给物流企业，由其代为实施对货权的监督。但此项业务外包后，银行可能会减少对质押物所有权信息、质量信息、交易信息动态了解的激励，并由此引入了物流监管方的风险。

由于信息不对称，物流监管方会出于自身利益追逐而做出损害银行利益的行为，或者由于自身经营不当、不尽责等致使银行质物损失。比如，个别企业串通物流仓储公司有关人员出具无实物的仓单或入库凭证向银行骗贷，或者伪造出入库登记单，在未经银行同意情况下，擅自提取处置质物，或者无法严格按照操作规则要求尽职履行监管职责导致货物质量不符或货值缺失。

（六）抵（质）押资产风险

抵（质）押资产作为供应链金融业务中对应贷款的第一还款来源，其资产状况直接影响到银行信贷回收的成本和企业的偿还意愿。一方面，抵（质）押资产是受信人如出现违约时银行弥补损失的重要保证；另一方面，抵（质）押资产的价值也影响着受信人的还款意愿，当抵（质）押资产的价值低于其信贷敞口时，受信人的违约动机将增大。

供应链金融模式下的抵（质）押资产主要分为应收账款类和存货融资类。应收账款类的主要风险在于应收账款交易对手信用状况、应收账款的账龄、应收账款退款的可能性等。存货融资类的主要风险在于质物是否缺失、质物价格是否波动较大、质物质量是否容易变异及质物是否易于变现等。

二、供应链金融案件的特点

从业务性质看，涉案业务主要是以债权为基础的应收账款融资，包括应收账款保理、应收账款质押类贷款、以应收账款为还款来源发行信托产品等。

从造假方式看，诈骗人以供应链上游企业的身份通过"四假"，即提供假购销合同、伪造企业印章、开立虚假的企业银行账户、假冒企业的工作人员，虚构对供应链核心企业的应收账款，骗取金融机构的融资款。不少诈骗人利用核心企业的办公室应付金融机构实地调查，不排除有核心企业的内鬼配合造假。

从作案手法看，诈骗人往往串通关联企业或者人员，由后者配合开展虚假交易或者提供承诺回购等担保措施，以同一虚假标的、类似手法反复实施，波及多个地区的多家机构。

从交易结构看，有些诈骗人以虚假应收账款作为基础资产，通过信托公司发行信托产品骗取融资。信托产品的出资人涵盖了自然人、保险公司、财务公司、银行等，导致交易链条拉长，案件风险外溢。

从供应链本身看，涉案供应链核心企业主要包括信用较高的大型国企、公立医院、军工企业、优质民企，案发后都否认参与或知晓应收账款融资行为。有些诈骗人与核心企业存在为相关联的电商平台虚增销量等灰色行为。

从风险状态看，这些案件涉案金额大，呈跨机构、跨地域、跨业务领域特征，有的已引发单体机构的流动性风险或带来维稳压力，后续处置难度高。

三、供应链金融案件暴露的主要风险点

一是盲从大型核心企业，风险意识淡薄。在发生案件的供应链金融业务中，核心企业基本是大型、优质、高知名度企业。诈骗人故意突出这些大型企业的品牌优势，灌输"此前已有较多金融机构提供融资且均成功收回"等信息，诱使金融机构放松警惕。比如，在福建某医药公司诈骗案中，某信托公司员工通过校友群获取涉案项目，但该公司盲目信任核心企业的品牌和实力，未将业务来源作为重要风险点进行审查，在核保时多次对疑点问题一路绿灯放行。

二是欠缺业务经验，风险识别能力不足。供应链金融涉及主体多、链条长、业务结构复杂，对金融机构的风险防控能力提出了较高要求。部分机构尤其是信托公司等非银行机构，开展供应链金融业务的时间相对较短，风险管控经验和能力存在明显不足，导致对应收账款的真实性和有效性识别中出现重大失误，给诈骗人带来可乘之机。

三是过度依赖融资人提供的资料，尽职调查出现疏漏。比如，在北京某科技公司诈骗案中，某银行虽派人前往应收账款债务人办公地核实，但该科技公司人员以债务人是军工涉密单位为由，让银行人员在公司大厅等候，由其独自前往债务人财务部盖章后将确权资料转交银行人员。又如，在福建某医药公司诈骗案中，某信托公司于下午1点半在应收账款债务人的会议室完成核保，核保时间为非营业时间，地点也非用印场所。

四是盲目追求业绩，风险控制机制层层失效。涉案业务操作过程中，为了促成业务，相关风险控制流程被简化或忽视。比如，在重庆某医药公司诈骗案中，某信托公司风控部门曾对应收账款转让确权文件上使用的印章真实性提出怀疑，预审委员曾提出对确权文件公证的建议，但均未得到

重视。又如，在福建某医药公司诈骗案中，某信托公司为促成业务，甚至修改放松既有制度，规定例外情况，如原有制度明确要求核保时应通过查看身份证等方式核实对方业务经办人员身份，但后来又规定在无法取得经办人员身份证复印件时可以通过在材料中注明"已核实其身份"的方式完成身份核实工作。

四、供应链金融防控对策

供应链金融一方面快速发展，另一方面需加强风险防控能力。

第一，尽快对标国际标准，提升风险防控能力。机构自身在风险管控经验和能力上存在明显不足，是发生外部欺诈案件的重要因素。从国际经验看，应收账款融资遵循资产支持融资的业务逻辑，采取实时监控应收账款、现金回款控制等较为成熟的技术。要在积极推进业务发展的同时，在行业层面制定和落实尽职调查、电子化监控等各项风险控制标准，尽快积累业务经验，培养与业务性质及规模相匹配的风险识别和化解能力。

第二，扎实做好应收账款确权，切实防范操作风险。对应收账款作为基础资产、质押资产、还款来源的确权，是核心风险控制的手段之一。要以案为鉴，有针对性地完善确权等相关制度并严格操作，确保应收账款真实、有效、完整。要对应收账款债务人进行实地调查，严格落实公章识别、身份识别等措施，有条件的可以采取录音录像、公证等辅助手段。要按照内部既定的风险控制流程实行层层核查，不以任何理由简化和更改相关要求。

第三，从事前、事中、事后维度，全面建立健全风险控制体系。要建立健全面向供应链金融全链条的风险控制体系，提高风险管理的针对性和有效性。事前要充分尽调，详细了解融资方的经营情况与财务状况，严格审查融资方与核心企业交易背景的真实性。事中要做好交易单据审查和物流监管。事后要严密监控交易回款，持续监测应收账款变化和融资方经营情况，发现异常情况要深入追踪分析并进行延伸调查。

五、供应链中核心企业的选择问题

（一）考虑核心企业的经营实力

核心企业的经营实力包括股权结构、主营业务、投资收益、税收政策、已有授信、或有负债、信用记录、行业地位、市场份额、发展前景等因素，按照往年采购成本或销售收入的一定比例，对核心企业设定供应链金融授信限额。

（二）考察核心企业对上下游客户的管理能力

核心企业对上下游客户的管理能力如下：

一是核心企业对供应商经销商是否有准入和退出管理。

二是对供应商、经销商是否提供排他性优惠政策，如排产优先、订单保障、销售返点、价差补偿、营销支持等。

三是对供应商、经销商是否有激励和约束机制。

（三）考察核心企业对银行的协助能力

核心企业能否借助其客户关系管理能力协助银行加大供应链链条上企业违约成本。

【风险案例】

一、企业基本情况

A集团是广东省佛山市的大型民营企业，年销售额合计约为20亿元，下属B企业主营太阳能灯具制造，C企业主营PVC管材生产，产品部分出口，国内销售主要供应市政工程。

上述两户企业成立于1995年，在本地经营超过20年，属于当地的老牌民营企业。一是在当地有较好的积累，购置土地建设厂房超过10万平方米，工人超过2000人。二是当地龙头企业，上市培育期。三是企业股东及配偶都是本地人，兄弟姐妹都是本地公务员。

企业存量融资情况如下：

1. 授信情况：两户企业核定关联授信，年度授信额度 6000 万元，全部是信用方式发放，追加实际控制人夫妇的连带保证责任担保。

2. 业务品种：B 企业全部是出口发票融资业务，C 企业全部是银行承兑汇票 25% 的保证金。

3. 业务办理情况：主动营销客户，客户比较强势，议价能力强，对成本控制严，不愿意办理流动资金贷款业务，要求出口发票融资利率低于 4%，银承保证金低于 30%，否则不与银行合作。同时，时效性要求高，单笔业务办理时限不允许超过两天。分行指定公司部副总经理亲自跟进业务，逐个环节推进。

4. 可用资料情况：企业未上市，仅有一份当地不知名事务所的审计报告，A 集团属于经办行主动营销的优质客户，客户不愿意提供详细资料。在银行的结算较少，货款回笼主要是他行同名划转，出口发票融资购汇还款。

二、"魔鬼"藏在细节里

虽然企业不愿意提供详细资料，但是在这个大数据的时代，借助外部数据库与报表进行比对，也能够拨开迷雾，发现细节中藏着的"魔鬼"。

（一）资金用途迷雾重重

民营企业资金挪用已成为普遍现象，甚至上市公司被掏空也是屡见不鲜。实际的资金挪用其实无法阻止，但是客户经理至少要知道资金挪用去了哪里，甚至应该跟上去，把形成的资产抵押回来。如果用途完全看不清，就要考虑是否转移资产了。

A 集团年末报表的销售收入和人民银行征信的融资金额如表 1 所示：

表 1　A 集团年末报表的销售收入和融资金额

名称	2013 年	2014 年	2015 年	2016 年 3 月	平均增长率（%）
融资金额（万元）	38629	76536	116349	143628	45.85
销售收入（万元）	101613	131988	190010	—	28.46
融资销售比（%）	38.02	57.99	61.23	—	—

从表 1 可见，从 2013 年到 2016 年，银行融资占销售收入的比例逐年

增加，融资金额由 3.8 亿元上升到 14.4 亿元，新增的 10.6 亿元去哪了呢？

1. 用于购置固定资产了吗？

（1）近三年没有新购置土地和建厂房。

（2）近三年没有大量购置设备。

（3）当地未听说企业股东涉足房地产和对外投资其他产业。

（4）企业股东在国内没有大量购置个人房产，仅一套个人住宅。

（5）2014 年前换了一个香港的财务总监。

通过现场了解对比财务报表，从可观察资产的角度，我们未找到新增融资的用途，要求债务企业必须给出合理理由。A 集团提出银行融资增加，一方面是应收账款大幅增加，尤其是对政府工程有大量的长期应收账款；另一方面部分银行承兑汇票和贸易融资是 100% 保证金办理，合计有 6.6 亿元的保证金。

2. 应收账款真的有那么大吗？

通过对其经营模式分析、同行业信贷客户的了解、纳税申报表的核对，初步核对出应收账款资金占用应该不超过 3 亿元，那其他钱去哪了呢？

（1）在市场上未见到 A 集团的品牌，也未见广告。经对债务企业 A 集团及同行业信贷客户的采访，A 集团的国内销售主要是市政渠道，较少代理商渠道铺货和销售，推测该部分销售占用资金较少。

（2）对政府的销售收入是需要全额开具增值税发票的，纳税申报表反映的是 2014 年国内纳税销售合计为 15409 万元，考虑到逐年累增的经营模式，推断最近三年累积的市政工程方面的资金占用约 3 亿元，与融资增长仍不匹配。

3. 保证金真有那么多吗？

A 集团反馈有 6.6 亿元的业务，但是财务报表的货币资金却只有 2 亿元，企业解释对 100% 保证金业务的记账方式为在存款和贷款中进行双剔除，故报表科目没有反映，报表中的借款金额小于人行数据。

风险经理要求经办行对企业低风险业务缴存保证金或购买理财产品的凭证进行现场核实，经办行反映企业仅能提供 3 亿元左右的保证金凭证，其他保证金无法核实。通过人民银行系统对企业办理融资业务的担保方式和保证金金额进行逐笔核实，统计保证金金额合计为 32240 万元（与企业提供的 6.6 亿元的数据相差 3.4 亿元）。

三年来，A 集团融资销售比的大幅提升引起了怀疑，通过对可观察资产（主要是固定资产）、应收账款和保证金的盘点，银行仍然无法核实 A 集团新增融资用途。考虑到融资大幅增加的时点与香港来的新财务总监到任时点匹配，且有 A 集团实控人在澳门购置大量资产的传言，银行分析判断认为 A 集团实控人可能资产转移境外。

（二）贸易融资疑点重重

自 2012 年以来，金融科技、金融创新层出不穷，一向注重砖头文化的银行提出了"以专业换砖头"，并进行了积极的尝试和转型。在此期间，发展最快的业务品种就是贸易融资，其中就包括后续兴起的供应链融资。业务规模扩大后，才发现信贷员本身并未吃透业务，叠加 2014—2015 年的经济下行，导致了一系列系统性风险的惨剧。

B 企业属于出口型企业，主要向国外出口 LED 产品，结算方式全部是 T/T（电汇），在各家银行办理了出口发票融资业务。国际贸易融资及海关数据如表 2 所示。

表 2　B 企业国际贸易融资及海关数据

2014 年海关出口数据（万美元）	2014 年发票融资累放额（万美元）	比例（%）
6391	6251	97.81
2015 年海关出口数据（万美元）	2015 年发票融资累放额（万美元）	
8321	8783	105.55
进出口量增长率（%）	融资累放增长率（%）	
30.20	40.51	

出口数据来源：中国海关。
国际贸易融资累放额数据来源：人民银行征信中心。

1. 银行办理出口融资业务时一般按照关单金额的 80% 以内办理，也就意味着银行融资金额应该不超过出口量的 80%，而 B 企业的国际贸易融资累放额超过其出口量，意味着部分关单重复融资。

2. 银行融资合同交易对手为美国企业，但是关单的目的地在东南亚和北非，同时经了解借款人的信保融资全部在交通银行办理。银行融资的资料显示，关单的运抵地主要是菲律宾、肯尼亚、利比亚、卡塔尔、墨西哥、也门、阿联酋、印度尼西亚、沙特阿拉伯、委内瑞拉、尼日利亚等风险评估较大的国家，若不购买政策性保险，出口这些国家将面临极大风险，故推测该部分关单在银行重复融资。

3. 银行出口发票融资，存在全部或部分购汇还款的情况，说明实际收到的货款少于融资，存在过度融资的问题。

4. 在香港设立收款平台，下游客户的货款全部先回笼到企业在香港的关联公司，再回国内，无法核实贸易背景的真实性。大部分进出口企业均通过这种方式进行国际贸易结算，第一，方便调节利润，规划税筹；第二，方便挪用资金；第三，部分企业利用平台做大出口额，出口骗税。

由于国际贸易的合同和发票都是企业自己制作，无法验证真伪。而T/T项下的业务，大部分都申请电放提单，导致作为物权凭证的提单很多时候也无法控制，贸易背景的真实性较难核实，应收账款更是无法与下游客户进行确认。在出口企业普遍在香港设立收款平台的背景下，出口发票融资逐渐变成了信用贷款。即便如此，细心的信贷人员依然能够通过中国海关数据和人民银行征信数据的比对，通过关单地址与交易惯例的推断以及交易结算数据的核对，来识别假贸易融资和重复融资。

（三）票据融资问题多

票据一直都是企业结算的重要方式，在信用不高的非上市企业之间，银行承兑汇票更是结算主流。鉴于银行承兑汇票远低于贷款的成本以及延期付款的功能，很多企业愿意采用银承付款，而收票企业基于对银行信用的信任，也乐于接受，在企业间流转通畅。办理银行承兑汇票业务时，银行基于开票人信用的情况，会要求存入一定比例的保证金，能够增加存款，同时又不占用表内的贷款额度，若能要求开出的票据必须在本行贴现的话，银行还能增加一笔贴现收入。如此一举多得的业务品种逐渐成为了银行短期内增加存款、做大规模、增加利润的神器，而没有贸易背景的融资性票据也就应运而生。

融资性票据，顾名思义，就是没有贸易背景，就是替代流动资金贷款的票据。虽然该类业务被监管机构明令禁止，但银行和企业却铤而走险，屡禁不止。笔者就本案例中的情况，简单介绍如何识别融资性票据。

C企业银行承兑汇票和纳税销售收入对比情况如表3所示：

表3　C企业银行承兑汇票和纳税销售收入对比情况　单位：万元

科　　　　目	金额
2015年度银行承兑汇票累计开票额	92489
2015年度纳税销售额	40409

1. 根据监管要求，银行承兑汇票必须要有真实的贸易背景，因此各家银行均要求开立银行承兑汇票后应该在规定的时间内将对应的发票归档。从表3数据可以看出，C企业的当年票据累开金额大幅高于纳税销售金额，说明该企业大量银行承兑汇票无真实贸易背景，属于融资性票据，且存在发票造假的情况。

2. 真实贸易下的银行承兑汇票往往是开给多个金额分散的上游客户，往往呈现小额多单的特征，而C企业在银行开票的交易对手都是贸易公司，单笔金额大，又不在该企业前十大采购商名单内。客户经理与企业财务私下沟通，通过财务人员的朋友圈发现，所有的票据开票当天就贴票回流。

（四）期限错配、多头融资隐患重重

1. 期限错配。A集团国内主要客户是政府，应收账款的账期长达5~8年，但主要融资产品为3~6个月的短期融资，融资结构与资金使用严重不匹配，短贷长用情况严重，仅2015年末即将到期的银行融资就高达10.3亿元，若银行放款金额和时效不能保证，则企业将面临巨大压力。

2. 多头融资。A集团在22家银行办理了14.3亿元的融资，融资银行包括在当地新开拓市场和市场份额较少的银行。融资机构多就意味着不稳定性大，一旦部分银行政策变化会加剧企业的资金紧张。

通过信贷人员抽丝剥茧的盘点，这个强势龙头企业的真实情况呈现出来。但是如何应对企业的公关、政府的压力，在不引起其他金融机构注意导致挤兑和踩踏的情况下，全身而退，则更考验信贷人员的智慧。

六、财务报表中潜藏的风险识别

企业财务报表就如同企业的一个详细的体检报告，虽然企业很可能通过财务的相关处理方式，将财务报表进行美化，隐藏部分经营利润下滑的事实，但是依然有很多可以快速识别企业财务风险的线索。供应链金融业务中，依托于核心企业还款履约能力，提供对上下游企业综合金融服务，更应该关注企业历史交易数据，且不仅关注上下游自身履约能力，还应关注核心企业财务数据变化。

（一）江湖地位高不高，要看企业应收账款量

从财务报表中，我们还可以分析出公司在生态圈中所处的地位。如果公司在生态圈里是有话语权的，最简单的是公司能欠别人钱，别人不欠公司钱。如果别人谁都能欠公司的钱，公司什么钱都收不回来，那确实没有江湖地位。公司的应收账款比较小，其话语权就比较大；若应付账款比较小，则话语权就比较小。

通常来说，经常衡量的是企业被赊账部分（如企业应收账款、其他应收款、预付款项值）与企业赊账部分（如企业应付账款、其他应付款、预收款项）。两部分相较如果前者较大，往往意味着企业在产业链条、生态圈中话语权偏弱，随着企业经营周转，很可能企业被赊账部分将进一步放大，资金将日趋紧张。

（二）是否优质客户，要与同行业客户相较

一个简单的逻辑是，企业是否是优质客户，要看它与同行业其他客户财务情况的比较。无论是什么行业，如果客户各项财务数据都比同行业其他客户要好得多，这类客户相对来说，抵抗风险能力会较强，甚至即使整个行业处于衰退期间，授信客户也将获得产业制度改革的一些优势。

信贷视角下，常用的几个财务指标如下：

资产负债率 = 总负债 / 总资产（主要衡量企业的长期偿债能力）

流动比 = 流动资金 / 流动负债，速动比 = 速动资产 / 流动负债（主要衡量企业的短期偿债能力）

应收账款周转率 = 营业收入 / 平均应收账款，存货周转率 = 营业成本 / 平均存货（主要衡量企业的经营能力）

通过计算以上几个财务数据，再与国家统计局等国家相关部门及行业协会公布的行业平均数值进行比对，可以很快分析企业在同类型客户中的财务表现，对企业是否值得切入有个大致印象。

（三）快速判断企业相关财务指标是否合理增长

一个简单快速判断企业财务数据增长是否合理的方式是，用企业的主营业务收入与各项指标进行比对。如果企业相关财务指标相较主营业务收入有不正常增长，那应该引起足够的重视。

简单列出分析模式如表 3-1 所示。

表 3-1　简单分析模板

名称	当年	上年	增幅
主营业务收入			
应收账款			
在建工程			
存货			
财务费用			
管理费用			
营业费用			
净现金流			
净利润			

如果主营业务收入在增长 5% 的情况下，应收账款或者存货有大幅增加，这往往是最简单直接的预警信号。同理，其他企业财务指标也不能脱

离主营业务收入有不符合常理的过度增长。正常来看，不同指标应该与主营业务收入保持接近幅度的增长。另外，企业净现金流与净利润之间应该也是呈等比例增长，如果两者之间出现较大程度的偏差，也会让人怀疑。净利润的含金量如图 3-1 所示。

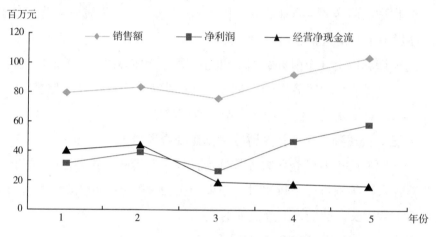

图 3-1　某企业销售额、净利润、经营净现金流对照

图 3-1 显示的是一幅欣欣向荣的景象，企业销售额和净利润呈同一幅度稳步增长，但仔细扒开企业现金流会发现，企业经营净现金流甚至出现了下滑，两相比较，很明显看出，企业的财务报表经过了处理，企业的销售额和净利润含金量不高，充满了水分。

【相关财务造假案例】

在对××电气首次公开发行股票并在创业板上市期间财务报表及××电气2013年、2014年两年财务报表审计时，未对××电气财务报表中应收账款、应付账款、预付账款等科目明细账存在的大量大额异常红字冲销情况予以关注，未对应收账款、预付账款中部分客户未回函的询证函实施替代程序，未对银行账户的异常情况予以关注，未能发现××电气2011—2014年通过外部借款、使用自有资金或伪造银行单据的方式虚构应收款项的收回从而调整相应科目余额的财务造假行为。

像××电气这种欺诈发行的行为，在其财务报表中并不是无迹可循。有些上市公司在造假上是不惜成本的：制作虚假的原料入库单、生产进度表和销售合同等，再将相关的销售发票、增值税发票照章纳税、现金流进行配合，就天衣无缝了。每一笔虚假交易都缴纳增值税，而所形成的利润也都纳税，花费的代价上亿元，真是下了血本。对于任何造假的上市公司，通过对现金流的追踪，都是可以查出来的。核查企业近三年的所有银行流水，包括发生额和余额都要审计，这样，钱的流动就无处遁形。只要将现金流搞清楚了，基本上任何财务造假都无法遁形。

第四章　非融资性保函业务

▶ 章节概要

保函业务是供应链业务中的基础性业务，是银行客户经理营销切入客户的有力武器。本章主要对保函业务进行系统介绍，包括保函的定义、种类及风险控制。银行可针对客户在生产经营全过程不同环节嵌入不同品种保函产品。保函业务品种较多，是营销客户较好的营销切入点。

一、保函的定义

银行保函是指开立保函的银行对于被担保人的违约按照保函的约定无条件地对保函受益人支付保函金额的一种承诺。

银行保函是银行一项不可撤销的承诺，根据申请人的指示发出，保证在保函确定的最高担保金额内，凭与保函规定条款相符的索赔文件，向受益人支付任何索赔金额。

银行充当信用中介的角色。银行信用代替商业信用，解决合同双方互不信任的问题，便利了合同的执行。

（一）保函项下各参与方

1. 申请人/被担保人

保函的申请人/被担保人是指保函中表明的保证其承担基础关系项下

义务的一方。

2. 保函的受益人

接受保函并享有其利益的一方，即根据保函条款规定可以向担保人提出付款请求的人。

保函业务关系概览详见图 4-1。

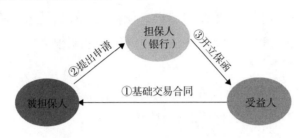

图 4-1　保函业务关系概览

（二）保函的不同业务种类

1. 投标保函（Tender Guarantee/Bid Bond）

作用：保证投标人在投标报价有效期内不撤标、不改标，一旦中标后及时与招标方或业主签约并提供履约保函。投标保函往往是需要和标书一起作为投标的一个必要文件。

金额：一般为投标报价的 1%~5%。

有效期：一般为开标日 + 报价有效期 +30 天。工程项下的投标保函甚至有可能长达一年，但大多数投标保函的有效期普遍较短。

2. 履约保函（Performance Guarantee/Performance Bond）

作用：确保工程按进度完成或者货物按时交付由银行出具一种担保，否则银行将按照保函金额给予受益人进行赔偿。

金额：一般为合同总价的 5%~10%。

有效期：一般为初验或供货完成，可合理增加 30 天。

经常和质量保函（Warranty Guarantee）配套开立。

3. 预付款保函（Advance Payment Guarantee）

作用：担保商务合同中承包商或卖方在收到合同预付款后按合同规定

履行义务，如违约，保证向业主方或买方返还承包商或卖方已得到的预付款及在此期间发生的利息。

金额：一般为合同总价的 10%~15%，船舶预付款保函可高达 60%，有的特殊商品出口达 100%。保函的币别应该跟所付预付款的币别一致。

生效条款：应规定从接到预付款起开始生效。

减额条款：预付款是事先付给的，受益人会在申请人发货后或随工程进度将预付款逐步扣回，保函条款应规定保函金额根据每批发货等比例自动减少。

失效条款：当整个合同开始履行时，预付款保函就到期了。预付款保函的有效期通常要比履约保函的有效期短。

4. 质量保函（Quality Guarantee）

作用：商务活动中担保承包商所承建的工程项目或卖方所提供的货物在一定时间（保修期或维修期）内符合合同所规定的规格和质量标准。如果在这一时期内发现工程和货物的质量发生与合同规定不符的情况，而承包商或卖方又不愿或不予进行更换和维修，则业主方或买方有权在这类保函项下向担保方索赔一笔款项，使其所受的损失在某种程度上得到补偿。

金额：一般为合同总价的 5%~10%。

有效期：初验或供货完成＋质保期。

二、保函业务内部风险控制

（一）保函业务的调查、审查、审批

应根据保函种类特性，审查、分析履约的难点，承担该项目获利预测及出现违约后申请人拟采取的补救措施的可行性等。在具体办理各类保函时除基本要求外，还应根据其不同的风险特性进行审查：

投标保函：着重审查工程招投标文件和投标书，审查标底的真实合法性，申请人的施工能力、技术装备和财务状况、管理水平、资信等级；投标方有无有意压价、欺骗招标方的行为。

履约保函：着重审查工程承包合同的内容，申请人的施工能力、技术装备和管理水平、财务状况、资信等级和以往履行合同的情况；了解工程承、发包双方权利义务是否对等，有无胁迫、欺诈等行为；审查申请人能否按期、按质、按量完成承包任务。

预付款保函：审查申请人（生产企业或施工企业）预收款的用途，预收款项是否能够真正用于材料设备储备、设备制造或工程建设，有无挪用的可能。

维修保函：通过对工程质量监督部门提供的工程质量鉴定书和项目竣工验收报告的分析，了解检查工程质量是否合格和优良，是否存在隐患和缺陷；审查施工企业是否采取工程维修的措施。

质量保函：重点审查申请人生产的产品质量。

付款保函：重点审查被保证人的资信状况、财务状况、资金安排及存款情况，根据付款时间要求，分析被保证人的现金流量在数量及时间上能否保证付款的需要，审查被保证人能否交存符合银行规定的保证金或提供相应的反担保。审查被保证人是否存在重大的诉讼风险或潜在的诉讼风险等。

（二）业务办理过程中审查要点

审查保函文本是否符合要求：对保函条款，应严格审查担保金额是否明确；币种是否与基础商务合同规定的相同，以规避汇率波动风险；生效前提设定是否合理；原则上对于到期时间应设定明确的时间（闭口）；设定的索赔偿付条件应当使银行仅通过审查单据即可判断受益人的索赔是否符合担保函规定；适用法律是否为中国法等。

审查担保条件是否落实：保证金是否按比例到位；反担保函确定的责任范围、有效期等要素是否与保函一致；抵（质）押登记手续是否合法、有效等。

与申请人办理保函交接手续。

（三）贷后检查要求

保函开出后，对保函的保证金收取、客户经营及保证项下商务合同的执行等情况进行检查和管理。主要检查内容：保函项下的商务合同执行和进展情况；申请人生产、经营、管理情况是否正常；反担保人的保证资格和能力的变化情况；抵（质）押物的保管及其价值变化情况；保证金账户变动情况。

第五章　应收账款类融资

▶ **章节概要**

本章主要介绍了订单融资、应收账款融资等。对于核心企业上游供应商常用的综合金融产品，分析了应收账款融资、保理融资的操作流程和风险防控点。

上游供应商对核心企业大多采用赊账的销售方式。因此，上游供应商的融资方案以应收账款为主，主要配备保理、订单融资等产品。

具体来说，就是上游供应商对供应链上核心大企业的应收账款单据凭证作为质押担保物，向商业银行申请期限不超过应收账款账龄的短期贷款，由银行为处于供应链上游的供应商提供融资。

一、订单融资

融资模式简介：根据供应商与核心企业签订的订单，银行利用物流和资金流的封闭操作，运用应收账款融资产品组合，为供应商提供一定额度融资的一种金融服务（见图 5-1）。

产品特点：可以解决中小企业接到大型优质企业的采购订单，但缺乏资金运作，自身不具备银行融资所需抵（质）押物或其他担保条件的情况。

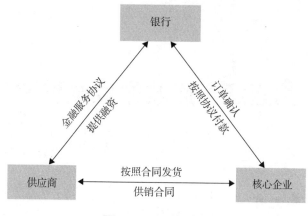

图 5-1　订单融资

订单融资发放时点是在企业刚刚与下游企业签订合同时，企业获得资金用于购买原材料和备货，企业资金量缺口比较大时。一方面，银行在此刻切入，可以满足企业融资资金的需要，解决企业资金流动性问题，银行自身获得较好资金回报。另一方面，企业尚未完成从采购原材料、生产、销售的整个周期，回款情况存在一定的不确定性，放大了授信风险。

二、应收账款转让（保理）

融资模式简介：以大型企业为核心，上游供应商将其对核心企业的应收账款整体转让给银行前提下，由银行对供应商提供包括应收账款收款、分户账管理、坏账担保、催收及融资综合性金融服务（见图 5-2）。这也是国外供应链融资最典型的模式。

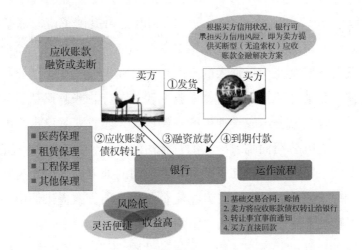

图 5-2 保理业务流程

应收账款的概念：债权人因提供货物、服务或设施而获得的要求义务人付款的权利，包括现有的和未来的金钱债权及其产生的收益，但不包括因票据或其他有价证券而产生的付款请求权。应收账款具体包括：销售产生的债权，包括销售货物，供应水、电、气、暖，知识产权的许可使用等；出租产生的债权，包括出租动产或不动产；提供服务产生的债权；公路、桥梁、隧道、渡口等不动产收费权；其他。

《中国银行业保理业务规范》规定，保理业务是一项以债权人转让其应收账款为前提，集融资、应收账款催收、管理及坏账担保于一体的综合性金融服务。债权人将其应收账款转让给银行，不论是否融资，由银行向其提供下列服务中的至少一项：（1）应收账款催收；（2）应收账款管理；（3）坏账担保。

保理业务的特点：一是银行通过受让债权，取得对债务人的直接请求权；二是保理融资的第一还款来源为债务人对应收账款的支付；三是银行通过对债务人的还款行为、还款记录持续性地跟踪、评估和检查等，及时发现风险，采取措施，达到风险缓释的作用；四是银行对债务人的坏账担保属于有条件的付款责任。

例如，2017 年，保理公司为一家光电公司提供了应收账款质押贷款业务。光电公司主要从事生产和销售薄晶晶体管、液晶显示器成品及相关部件，其上下游企业均是强大的垄断企业。光电公司在采购原材料时必须现货付款，而销售产品后，货款回收期较长（应收账款确认后的 4 个月才支付）。随着光电公司成长和生产规模扩大，应收账款已占光电公司总资产的 45%，光电公司面临着极大的资金短缺风险，严重制约了光电公司的进一步发展。保理公司详细了解到光电公司的处境后，果断为其提供了应收账款质押贷款业务，由第三方物流企业为该项贷款提供信用担保，帮助光电公司解决了流动资金短缺"瓶颈"。

该案例成功的关键在于应收账款的性质，下游企业是强大的垄断企业，也就是应收账款能否收回关键是下游核心企业的资信，核心企业的资信高，保理公司的风险小，同时第三方物流企业的担保也是光电公司获得资金的重要条件。随着供应链融资的发展，该类应收账款的融资也可以使用核心企业的授信，无须提供第三方担保，当然这需要征得核心企业的授权。

三、应收账款池融资

在转让的应收账款余额保持稳定的最低下限情况下，保理融资期限可超过具体每笔应收账款的期限，且不必因具体每笔应收账款到期而收回保理融资。适用于贸易关系长期、稳定、连续且账期较短、回笼较快而产生的应收账款融资需求。

应收账款池融资指银行根据单一客户出让的应收账款所形成的应收账款池，在该应收账款池余额保持相对稳定的前提下，以应收账款回款作为银行向客户提供融资的还款保障，为客户提供短期融资，并配套提供应收账款管理、催收等综合性金融服务的业务。

例如，某银行成功为当地一客户叙做系统内首笔国内保理池融资业务，凭企业转让的 43 份不同到期日的总金额逾 4.4 亿元的应收账款发票发放 4 亿元人民币融资款项。此后，若这 43 份发票中有到期者，企业只需及时转让不低于该金额的发票，就可继续使用不低于 4 亿元的融资款。

传统保理是一笔融资对应一单应收账款，企业和银行不得不承担大量的融资—销账、融资—销账……工作，极其损耗人力和时间资源。池融资利用蓄水池原理，转让为"池"的流入，付款为"池"的流出，银行则根据"池"的水位提供融资。若企业想获得稳定、足够的融资余额，只需适时向"池"内补充合格的应收账款即可。

［A 银行对 B 超市上游供应商批量授信方案］

一、目标客群范围和特征

（一）核心企业 B 超市

B 超市成立于 2001 年，主板上市。截至 2014 年底，B 超市在 17 个省市已有 293 家连锁超市，已签约筹备门店 159 家，经营面积 350 万平方米。

B 超市成长快，实力雄厚，创下了骄人的业绩，具有细分行业领先地位和良好的品牌优势，以 B 超市为核心客户对其上游供应商开展批量授信，借助于核心客户 B 超市对其上游企业的控制力，及上游企业对核心客户的依附度，加强风险控制，弱化担保条件，有利于开展批量营销。

（二）供应商客群特征及其细分

B 超市当地供应商有 571 户，产品分为四大类型：生鲜及农产品、食品用品、服装、加工产品。由于生鲜及农产品、加工类供应商具有不稳定性，服装为公司 2007 年新增的业务品种，且不具有品牌优势。本着优先发展优质、经营稳定的目标客群的方针，优先发展其食品用品类商户为此次的授信对象。

食品用品类供应商具有以下特征：

第一，与 B 超市的合作时间长，有稳定的销售渠道。

第二，利润率稳定，经营风险小。

第三，受制于 B 超市完善的考核制度，对 B 超市依附度强。

第四，发展速度快，资金的周期性需求尤其突出。

第五，固定资产少，银行融资难。

二、目标客群资金需求及其特点分析

（一）B超市经营模式

1. 供应商服务系统。

供应商服务系统是B超市为其数量庞大的供应商群体提供的，主要用于实现订单发布、网上对账、退换货管理、结算管理等一系列功能的互联网系统，通过该系统，供应商可实时接收B超市发布的订单，根据订单要求进行配货，同时每月对B超市提供的交易信息进行网上对账，办理结算，同时该系统对供应商交易信息进行汇总，供应商可根据汇总信息进行经营分析总结。

进入系统后，可查询到"到库总额"，即此时间段内B超市实际收到的货物含税价款，该数据可真实地反映供应商与B超市的交易数据。

2. 采购模式。

目前B超市对商品的采购实行统一采购与当地采购相结合的方式。

（1）统一采购：B超市对食品用品通常使用统一采购方式，以发挥规模优势，降低采购成本。部分门店由B超市下设的全资子公司负责统一采购，其他地区则根据集团统一配送与当地采购成本孰低原则决定采购模式。

（2）直接采购：生鲜及农产品等周转速度快、保鲜要求高的产品由各门店进行当地的直接采购，不通过物流中心。

3. 配送模式。

目前B超市的商品配送采用集中配送和供应商直送两种方式：

（1）集中配送：目前B超市已建成两个物流中心，物流中心按电脑联网的配送单进行配送，物流中心一般备有一周左右的库存。目前超市中除生鲜及农产品外的其他商品大部分采用集中配送模式。

集中配送的优势在于：

① 由于物流中心有一定的库存，门店需要补充商品时无须向供应商下订单，因此送货较为及时；

② 当配送的门店数量增加,配送商品数量较大时,即可发挥规模优势,统一配送节省人力物力,降低配送成本。

（2）供应商直送:供应商将商品直接送到门店。目前 B 超市在全国各地建立了 10 个农产品采购基地,大部分生鲜及农产品采用该种送货方式。供应商直送的优势在于可保持生鲜及农产品的新鲜度,避免商品流转过程中的损耗。

（二）供应商经营模式

B 超市产品分为四大类型:生鲜及农产品、食品用品、服装、加工产品。由于生鲜及农产品、加工类供应商具有不稳定性,服装为公司新增业务品种,且不具有品牌优势,这里应拟优先发展食品用品类供应商,因此,以下内容均以食品用品类供应商作为分析对象。

1. 供应商运营模式。

B 超市供应商代理多为一线品牌,为普通民众熟知的产品,市场认可度较高。快消品经销要求一定的存货保证销售,因此超市供应商通常拥有自有仓库及大量存货、仓储人员、货车、促销人员,以及较为完善的货物运送管理机制,单一品牌及较小的营业额不足以支撑运营成本,因此,多品牌经营能使供应商实现资源利用最大化并创造高效运转机制,实现快速周转及盈利。

B 超市经营产品主要以快消品为主,"厂商—经销（供应）商—超市"在整个商业链条中呈现"夹心饼干"模式,即厂商与超市处于强势地位,厂商要求款到发货或提前打款提货（计划外）,而超市有一定账期,经销商无法快速回笼资金,加上 1~1.5 个月基础库存,经销商需要垫付大量资金保证货物运转,目前行业毛利为 20%~25%,净利润为 3%~5%。

2. 供应商与 B 超市结算方式。

每年 3~4 月 B 超市与供应商签订本年度《供零合作协议》及《B 超市与供应商年度补充协议》,B 超市通过供应商服务系统向各供应商发出订单需求,供应商发货至 B 超市物流,由物流统一向各门店进行货物分配,B 超市物流向供应商收取 1%~5% 配送费。供应商向 B 超市供货后,需经过"对账—开发票—付款"流程收到货款。

具体流程如下:

(1)对账:B超市约定每月9日、20日为对账日期,B超市在每月的对账日期与供应商进行电子对账,核对内容包括所购商品订货、入库、退货、促销服务费等数量和金额,对账通过供应商服务系统进行,将对账汇总表及验收单送至B超市财务室,取得开票资料(对账单)。

(2)开发票:供应商需按照对账后的交易内容,在7个工作日内开具增值税发票或普通发票,货款按照双方约定的含税进价核定。

(3)付款:B超市生鲜账期为到货15天,补损在5%左右。除生鲜类产品外,B超市其他类产品结算周期为"月结30天",即B超市收到发票后30天付款。但通常情况下,B超市会在该基础上延长付款时间(5天左右),再加上发货至对账平均占用时间为10天,开发票及寄送时间(5天),因此实际账期约为55天。B超市向供应商指定账户支付货款,以现金形式结算。

(三)供应商资金需求

超市供应商在与上下游的交易过程中处于弱势地位,资金占用量大,其主要资金占用体现在应收账款以及存货上。

1. 应收账款。

供应商B超市应收账款账期约为55天,即有一个半至两个月的货款未及时收回,造成供应商资金占用。

2. 库存。

供应商与上游的结算方式多为款到发货,供应商提前支付下月货款,厂商收到货款后向供应商发货,外省厂商货物在途时间一般为10~15天。快消品厂家一般要求供应商备一个半月左右的销售库存,则供应商平均库存金额约为月销售额的1.5倍,则存货周转天数约45天,加上在途10~15天,则供应商存货周转天数在60天左右,年存货周转次数为360/60=6次。

以B超市年供应量为1200万元的供应商为例,则平均存货=(60×1200×0.8)/360=160万元。综上,若企业每年向B超市供应1200

万元货物（含税），每月向 B 超市供货 100 万元，则主要占用资金＝平均应收账款＋平均存货=167+160=327 万元，企业实际占用资金为月供应量的 3.27 倍，占年供应量的 27.2%。

为了跟上 B 超市的发展步伐，供应商面临较大的资金压力，主要来源于三个方面：第一，商超统一结算带来的账期；第二，库存数量的增加，带来的铺货资金需求。第三，春节、中秋节等重大节日备货带来的季节性资金需求。

三、批量授信产品设计

超市为民生消费行业，受经济波动影响较小，具有行业风险较小的特点，并且客群体量庞大，在经济增长乏力的大环境下，快消品行业依然稳步增长。A 银行借助于核心客户对其上游企业的控制力，及上游企业对核心客户的依附度，有利于加强风险控制，开展批量营销；加强贸易环节与资金环节的控制，弱化担保要求，有效解决固定资产少的小微企业融资难问题，既能有效地防范风险，又能提高收益。

（一）产品模式

A 银行在 B 超市与供应商的贸易环节介入，将 A 的现金管理系统与 B 的供应商服务系统对接，授权 A 管理其供应商服务系统，有效监控目标客群现金流、物流，依托核心客户 B 超市完善的供应销售流程及信息管理，并将 B 超市唯一回款账号锁定在 A 银行，做到信贷风险控制，向其提供流动资金贷款、银行承兑汇票等短期融资。

（二）统一分类客群准入标准

将大量供应商分类细化，使原本零乱的小企业市场变得有规律，采用规范化的批量授信操作流程提高业务办理质量与效率。批量方案总额度 1 亿元，单户授信不得超过 1500 万元，其中非抵押类单户授信不得超过 500 万元。

供应商与 B 超市企业建立连续两年（含）以上合作关系；具备与超市合作相关的合同、合约及账务、订货、物流等往来历史记录；企业年销售收入达 2000 万 ~15000 万元的小企业，实际控制人在当地至少拥有一套房产，家庭已购置物业不低于 200 万元，包括房产、店面、写字楼等。

根据 B 供应商资金占用情况分析，企业平均占用资金为 B 超市年供应量的 27.2%，按照企业在 B 超市的平均资金占用量的 60% 核算（27.2%×60%=16.32%），非抵押授信额度的核定标准按照 B 超市年供应量的 16% 核定。

（三）风险控制

1. B 超市供应商年供应量核实依据，应以至少连续 3 个月的 B 超市结算的增值税发票，结合 B 超市供应商服务系统查询的"到库总额"数据与银行结算流水综合判断。

2. 供应商将 A 银行结算账户作为 B 超市结算回款的唯一账户。

3. 供应商将 B 超市供应商服务系统的用户名及密码交由 A 银行保管并有权随时查询供应商与 B 超市交易情况。

4. 借款人法定代表人、实际控制人、主要股东（出资额合计不低于注册资本的 51%）的连带责任保证。

四、案例启示

在此案例中，A 银行在 B 超市与供应商的贸易环节介入，将 A 银行的现金管理系统与 B 超市的供应商服务系统对接，依托核心客户 B 超市完善的供应销售流程及信息管理，并通过锁定超市回款账户及控制 B 超市供应商服务系统，有效监控企业现金流、物流，做到信贷风险控制。

这样的业务模式达到了 B 超市、供应商及 A 银行三方共赢的效果。

对于 B 超市而言，加强了 B 超市与供应商的合作，支持供应商发展的同时增强了 B 超市对供应商的控制力。

对于供应商而言，解决了发展中的资金需求，扩大了销售规模，加快了公司发展的速度。

对于 A 银行而言，一方面，加强了与 B 超市的合作关系，通过 B 超市还可有效地控制授信风险；另一方面，扩大了 A 银行的小企业基础客户群，提高了中间业务收入等综合收益。

A 银行基于 B 超市良好的资信为背书，结合 B 超市多年供应商大数据做支撑，给供应商授信方案。基于 A 银行的结算账户体系构建资金闭环，降低供应商融资风险，保障 A 银行资金安全值得借鉴。供应链金融做得比较好，离不开信息系统的支撑。A 银行的资金管理系统与 B 超市的供应商系统无缝对接是提升供应商融资体验的最好平台，也是风险管控的一把"利剑"。

［信息产业行业金融案例］

一、客户基本情况

A 公司为全球前三大电信设备制造商，2009 年全球销售收入达 1491 亿元人民币，营业利润率为 14.5%，净利润为 182 亿元人民币，净利润率为 12%。同时，受益于中国 3G 建设，公司 2009 年在中国市场实现合同销售额 100 亿美元（约折合人民币 680 亿元），获得了国内 3G 市场最大市场份额。

目前，A 公司自身资金实力雄厚，传统融资需求不大，但随着其经营发展，该公司日益重视上下游链条的协同发展。同时，由于公司的应收账款较多，希望通过银行的介入，解决其应收账款的变现问题。另外，该公司面临上市，希望实现表外融资。

供应商希望银行解决其应收账款问题，以及时补充经营性现金流；对于工程类供应商，希望银行的融资能使其资金回笼不受工期较长的影响。另外，该公司海外业务也需要一些金融服务。

二、客户需求

1. A 公司行业地位高，信用风险低。

2. 客户需求为非融资业务和融资业务两种。非融资业务包括海外投资服务、全球现金管理；融资服务包括出口买方信贷、表外融资、供应商融资。银行可以提供的服务主要包括出口买方信贷、表外融资、供应商融资。

3. 切入点：表外融资、供应商融资。

三、案例切入点

A 公司全球采购量约为 120 亿美元，国内采购量约为 414 亿元人民币，全球供应商约有 1700 多家，国内供应商数量约占 2/3，其中珠三角地区的供应商占比为 62%。在此大背景下，A 公司的采购量也将会有适度的增加，因此围绕 A 公司开展国内供应商融资业务的前景非常可观。

参照同业同等授信条件，结合授信管理要求，通过订单融资与国内保理的产品组合，为上游供应商提供融资需求；通过对现金流的监管实现对融资风险的控制，进一步深化银行与 A 公司的合作基础，构建双方的战略合作关系。

四、应收账款融资模式的风险点

商业银行在进行应收账款融资业务设计时，应该注意审查和识别以下四个风险点。

（一）融资企业的经营状况

应收账款模式下，融资企业的资信状况由于核心企业的信用担保与传统业务相比得到弱化，融资企业的生产经营状况直接关系着整个供应链的正常运行，关系着供应链金融业务的持续性和风险性。商业银行在授信审核时应重点考察融资企业借款的原因、发展状况、经营绩效、技术情况及产品竞争力、履约记录及能力、核心企业对该企业的依赖程度等。

（二）核心企业的资信状况

应收账款模式下，核心企业是债务人，是银行贷款得以顺利回收的最为重要的保障，其规模实力及信用状况直接关系到风险的大小。商业银行在授信审核时重点考察核心企业在整个行业中的地位及市场份额、企业规模与实力、股东结构、主营业务收益、资产负债情况、信用记录、发展前景及核心企业对于银行的协助能力等。

（三）应收账款的质量

应收账款模式下，应收账款是该模式下融资企业向银行借款的唯一质押物，其质量的好坏关系着风险的大小。商业银行在授信审核时重点考核以卜几点：

一是应收账款的真实性，核心企业与融资企业的交易是否真实存在，相关合同及票据是否真实，应收账款是否得到核心企业的承认，相关票据有没有承兑，应收账款的要素是否明确具体等。

二是应收账款的合法性，即双方签订的买卖合同是否符合《中华人民共和国合同法》的相关规定，各民事主体是否符合法律所承认的资格，应收账款有没有超过法律规定的诉讼时效及是否多次质押等。

三是应收账款的可转让性，即债权债务双方是否允许转让、有无双方约定或者法定的禁止转让的事实存在、应收账款的告知流程等。

（四）供应链的整体状况

供应链是供应链金融得以开展的基础，其状况的好坏对于供应链金融风险的高低意义重大。供应链的整体状况包括供应链所在行业的成熟度及特点，供应链的长度及资金流状况，供应链上企业之间的关联程度、合作时间、交易频率、信息共享程度及核心企业对于上下游企业的管理能力等。

第六章 动产质押融资

▶ 章节概要

本章主要介绍了动产融资/货权质押业务的特点、核心操作要点及风险防控要点；系统罗列了动产质押融资营销分析及方案设计把控要点，通过案例全景展示了动产质押融资营销切入点及与客户合作模式；最后展望了金融科技对货权融资可能带来的颠覆性影响。

动产质押是指债务人或者第三人将其动产移交债权人占有，将该动产作为债权的担保。债务人不履行债务时，债权人有权依照《中华人民共和国担保法》的规定以该动产折价或者以拍卖、变卖该动产的价款优先受偿。前款规定的债务人或者第三人为出质人，债权人为质权人，移交的动产为质物。设定动产质押，出质人和质权人应当以书面形式订立质押合同。根据《中华人民共和国物权法》的规定，质押合同是诺成合同，并不以质物占有的移转作为合同的生效要件。

银行根据授信额度和质押物价值，确定最低控制价值或数量。

对最低控制价值或数量之上的质押物，借款人可直接与监管公司协商提货或换货；对最低控制价值或数量之下的质押物，借款人需在补入保证金归还部分授信或增加其他担保条件下，进行提货或换货。

质押期间，借款人在质押仓库中的同类货物全部质押给银行，有新的同类货物入库，新货物也一并质押给银行。

以其他种类货物补货、置换货物，需得到银行的同意。

一、动产质押的优势

　　动产质押突破了传统的信贷担保方式，较好地解决了中小型贸易企业融资难的问题。将企业资金流动和物资流动紧密结合起来，加深银行对授信企业经营状况的全面了解。通过对货物及赎货期的控制，使银行可以调整授信规模和客户结构。通过对供货商的严格选择、真实的贸易背景、赎货操作控制企业销售现金回笼来降低银行信贷资金风险。对贷后管理模式的探索有积极的借鉴意义，可以促进银行贷后管理水平的提高。

　　货物质押业务框架及操作要点详见图 6-1 和图 6-2。

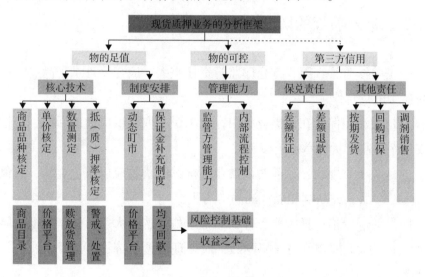

图 6-1　货物质押业务框架

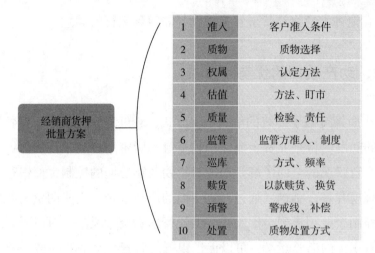

1	准入	客户准入条件
2	质物	质物选择
3	权属	认定方法
4	估值	方法、盯市
5	质量	检验、责任
6	监管	监管方准入、制度
7	巡库	方式、频率
8	赎货	以款赎货、换货
9	预警	警戒线、补偿
10	处置	质物处置方式

图 6-2　货物质押业务操作要点

二、动产质押的切入点

一是关注监管：第三方仓库监管责任重大，应与管理水平高、经验丰富的仓库进行合作。

二是关注担保：在该类业务中，应尽量争取到供应商的回购、连带担保或仓库对监管货物承担连带责任。

三是关于质押物：目前对该类业务推荐的货物应以有色金属、黑色金属、化工产品、成品纸和能源油品类为主。

四是关于价格：抵（质）押物品种中如果选择大宗商品作为抵（质）押物，抵（质）押物价格波幅剧烈，应合理设置质押物市值警戒线，并定期盯市。

[动产质押相关案例]

××批发市场的上游客户是中储粮公司等，下游是粮食公司及超市等，由于粮食市场需求量大，价格波动小，非常适合做货权质押，可以与大型仓储监管公司合作，采取输出监管模式，为该企业提供融资。

一、核心要素

申请人：××粮食批发市场有限公司

质物：最低价收购小麦

出质人：收购小麦的买方客户

业务模式：现货质押

授信品种：银行承兑汇票保贴额度

供货方：储备粮管理机构

货权形式：最低价收购小麦出库通知单

仓库位置：小麦承储库

监管人：××粮食批发市场有限公司

监管合同及厂、商、银合作协议：标准三方协议及银行制式质押合同

盯市渠道及取值方法：购买合同的发票及相关网站

保证金比例：20%

质押率：70%

赎货期：3个月

回购/担保安排：如买方（承兑人）违约，××粮食批发市场有限公司承诺退款

银行本次授信方案：银行承兑汇票

二、基本情况

××粮食批发市场有限公司是经国务院批准建立的规范化、全国性的粮食批发市场，注册资金 10000 万元，是全资国有企业。

××粮食批发市场从只有办公经费发展到今天拥有 2.9 亿元净资产的龙头企业，资产财务报表显示，流动比率为 1，低于正常标准，说明企业短期偿债风险较大；资产负债率 89%，说明企业经营中长期偿债能力弱；货币资金和应收账款数额较大，是由于企业交易保证金现金流较大，符合行业的特点。

企业总资产 26.11 亿元，其中流动资产 23.18 亿元（货币资金 21.77 亿元）、长期投资 2.07 亿元、固定资产 8631 万元。

××粮食批发市场共拥有1810位客户（其中，加工商900户、贸易商641户、储备商232户、酒精商7户、其他30户），前20%客户（361位客户）的成交量基本占到总成交量的79%；而自1月以来有过成交记录的只有1336户，26%的客户从来没有成交过，在1336位成交客户中的前20%的客户成交量占到总成交量的71%。

三、有利条件与风险因素分析

1. 有利条件分析

各地都有粮食批发市场，这类市场中有着大量的粮食批发商。某银行认为该公司上游客户是中储粮公司等，下游是粮食公司及超市等，由于粮食市场需求量大，价格波动小，非常适合做货权质押，可以与大型仓储监管公司合作，采取输出监管模式，为该企业提供融资。

该公司最有价值的资产就是仓库中的小麦。出于淡储旺销的模式，该市场有大量的小麦存货。银行认为，可以采取输出监管方式，委托粮食批发市场对小麦进行监管，银行提供流动资金贷款。

2. 风险因素分析

（1）货物控制。××银行货押人员至××粮食批发市场办理出库通知单质押手续，将客户出库通知单质押给银行。

（2）质量控制、保险等。质量控制和保险全部由国家及最低价收购小麦承储库负责。

［港口物流行业金融案例］

一、基本情况

D公司是专业从事煤炭销售的企业，通过L港存放在当地销售，企业销售经营经验丰富，具备一些国内销售渠道，D公司资产总额6619万元，其中存货2592万元、负债4164万元、销售收入42725万元、净利润1296万元。

L港是国内最大的地方港之一，是重要的燃料油进口口岸，燃料油吞吐量在国内港口居于前列，具备很强的燃料油周转能力。L 港集团有限公司是银行战略客户，港口年吞吐量 65000 万吨，居 M 省第四位，具备很强的区域经营优势，企业总资产 48 亿元，年实现净利润 5436 万元，具备较强的经营实力。

二、难点分析

D 企业为贸易公司，轻资产，用传统方式从银行难以融资，而且单户申请银行开发管理成本高，过高的利率企业又难以接受，双方合作可能性小。

三、进一步的了解

从港口方来说，港口依托自身港口物流优势，有一大批像 D 公司类型的客户，港口具备很强的货物仓储、周转能力。港口方也迫切需要商业银行给予进出港口企业信贷支持，加大进出港业务量，促进港口自身经营发展。

四、模式设计

1. 由港口方向银行推荐融资企业，银行在符合其授信政策的情况下为融资企业提供存货质押授信额度，融资企业质押给银行的货物应当是其存放在港口并拥有货权的存货。

2. 银行同时为港口方核定专项额度，港口方承诺如果在融资企业发生违约的情况下，在该专项额度内无条件回购融资企业质押的货物，港口方代偿后，银行根据三方约定，将出质货物的质押权属直接交付给港口方处置作为履行代偿责任的补偿。

五、风险控制

1. 严格质押存货种类筛选，原则上选取流动性好、不易变质且该货物品种港口吞吐量占港口吞吐总量比重达到 20% 以上，港口对该货物品种具备较强的流转、处置能力。

2. 严格存货质押监管。存货存放在港口，由银行认可的港口下属物流子公司输出监管，履行监管职责。监管公司直接为港口下属子公司，利益关联性高，能较好地履行监管职责，港口对下属监管公司的监管责任承担连带责任。

3. 港口方的代偿约定。银行、借款人、港口三方协议约定，债务人到期不履行债务时，质押财产归债权人所有，并由港口方回购存货，代为偿还全额债务。

六、案例启示

1. 该案例的特点在于借助港口企业的信用和物流平台批量开发业务，通过向港口企业推荐的优质企业提供存货质押融资，由港口下属物流企业进行监管，并在企业违约时由港口无条件代偿的结构设计，有效地缓释风险，具有在港口产业圈内推广的一定优势，可供港口区域银行借鉴。

2. 供应链融资广泛采用授信资产支持技术，支持资产是否能与借款人主体信用风险充分隔离，是供应链融资风险管理的关键点。其中，法律问题多有涉及，因此，法律风险管理是供应链融资产品设计考虑的重要内容。

3. 目前，国内动产担保物权相关法律不完善，必然导致供应链金融业务的不确定性，如浮动抵押、应收账款质押与保理、回购调剂条款等存在一定的瑕疵。但是，法律必然是社会经济生活中制度规定需求的滞后反映，缺乏动产担保的实践，相关法律的完善将无从期待。因此，在专业化基础上的创新已经成为业务发展的一种方法论，如以行规、违约成本、综合措施等方法来弥补法律的不足，已经取得了很好的效果。

三、动产质押融资模式的风险点

动产质押融资与预付账款融资类似，同样针对核心企业下游企业，但也有业内研究人士认为，在这种模式中更加强调第三方物流企业的作用。

第三方物流企业的资信状况和监管能力。动产质押融资模式下，第三方物流企业负责对质押物进行监督管理和评估，有时甚至直接参与贷款授信和风险管理，因此，其资信状况和监管能力与该模式下的风险关系巨大。商业银行在授信审核时重点审核第三方物流企业的管理运营能力（重点审查出入库程序、规章制度的完善性和执行情况），规模实力，仓促、运输和监管条件，信用记录，与核心企业及银行的业务联系和数据信息共享程度等。

四、金融科技加成下货物质押业务展望

物联网概念最初在 1999 年提出，即通过射频识别（RFID）、红外感应器、全球定位系统、激光扫描器、气体感应器等信息传感设备，按约定的协议，把任何物品与互联网连接起来，进行信息交换和通信，以实现智能化识别、定位、跟踪、监控和管理的一种网络。简而言之，物联网就是物物相连的互联网。

自我国将发展物联网写入"十三五"规划起，物联网就进入蓬勃发展阶段。截至 2017 年 5 月底，中国移动物联网连接数突破 1.2 亿，是全球最大的物联网连接提供商。目前，我国物联网及相关企业超过 3 万家，其中 85% 为中小型企业，已建立了基本完整的物联网产业体系。如今的物联网，已从 M2M（机器对机器通信）进化到了融合连接、数据、云、情境、生态和智能的 IOT。

在贸易生态链中，物联网已在运输、通关、溯源等方面有了较为广泛的应用，起到了完善产品质量监控、改善供应链管理、提升物流服务质量等作用。例如，跨境电商平台通过采用物联网技术实现对商品物流状态的跟踪和商品产地的溯源；进口机动车检验监管智能平台通过利用物联网技术实现公众查询、进口汽车质量生命期内的全过程监管等功能，同时消除了相关物流、通关纸质单据的使用，降低了成本，提高了效率；精细化学品贸易公司针对精细化学品由于易燃、易爆、有毒和腐蚀性等特性带来的生产、储运、分销和使用等环节的安全问题，通过采用物联网技术加强供应链的监控和管理，强化供应链预警机制，加快应急响应速度和应急处理能力，降低了供应链风险；大宗商品仓储公司通过利用物联网技术，实现对仓储货物的电子化监管，避免了人工监管带来的操作风险和信用风险。

银行对于不同情境、类型的贸易融资有着不同的风控措施。对于大宗商品贸易融资，很多采用仓单质押的方式。该方式下，仓单出具方即仓储公司的信用是影响融资风险关键要素之一，其信用、管理水平对于维护银行和贷款企业的利益至关重要，但同时因为行业混乱度很高，非常容易结成利益同盟。2014 年青岛港骗贷案件就是该种情况，德诚矿业将一批矿石货品存于一家仓库，却"一女多嫁"，从不同仓储公司处出具了仓单证明，并利用这些仓单去不同银行重复质押融得巨资，其母公司东窗事发导致资金链断裂后，造成了十几家银行近百亿元的敞口风险。

上述案例中，问题的关键在于由于物权单据出具方（仓储公司）违规操作，导致货物与物权单据不匹配，银行依据物权单据的融资也就失去真实保障。当前，以感知科技为代表的科技公司和以平安银行为代表的金融机构，对通过物联网防控大宗商品贸易融资风险展开了多种探索和实践，较好地解决了大宗商品贸易融资中的控货问题及仓单重复质押问题，具体解决方案如下。

第一，解决控货问题。通过引入物联网传感设备和智能监管系统，实现对货物的识别定位、跟踪监控系统化、智能化的管理，有效解决贸易融资中信息不对称、监管不安全等问题。具体来说，可以防范货物不足值、监管人风险、使贸易融资由被动管理变为主动管理，由事后追踪变为事先防范。以感知科技为例，将货物质押给银行之后，监管报警服务即被激活，一旦系统感知到未在融资方许可的前提下，货物物理状态、位置发生变化，就会发生报警，解决了人工监管可能带来的道德风险。

第二，解决仓单重复质押问题。物联网信息纳入统一登记平台，银行针对可转让、可追溯、可监控的"物联网仓单"进行融资。以感知科技的"感知仓单"为例，仓单管理平台会将货物的物理信息连同初始照片打包封装，形成一张电子的"感知仓单"，与货物形成唯一的对应关系，只要物理状态不变化，则可保证货物的安全性，同时也保证了仓单的真实性。一旦"感知仓单"需要进行融资，感知科技的动产质押登记平台会将这张"感知仓单"进行结构化登记状态描述，并生成一条已经质押融资的标准化登记状态信息，技术上所有其他银行都可以在动产质押登记平台上查询仓单信息，知道其对应的货物是已经质押状态还是未被质押状态，避免了仓单重复质押骗贷的问题。

第三，实现贸易金融无纸化。物联网的应用带来了货物流的全面信息化，电子货物信息将代替传统纸质货运单据，货主可通过与海关系统对接的物联网平台实现对货物的监控、提取及通关。此外，物联网的广泛应用还有望带来 BPO 等基于信息的贸易金融工具的快速发展。

第四，解决贸易融资背景真实性问题。物联网由于其将商品流与信息流结合的天然属性，解决了传统纸质单据与实际货物不匹配、多方信息不对称给融资方带来的风险，保证了贸易背景真实性，在贸易融资领域有着良好的应用前景。通过物联网，货物从原产地到进入流通的每一个环节的定位、状态等信息都可供贸易金融相关方查询。一方面，银行能够更加全面地评价客户的风险状况，智能进行全流程信贷管理；另一方面，银行通过实时掌握货物在发货前、发货后、到货后及专卖等各个阶段的状态，可了解客户需求，并据此开发出相应的贸易融资产品、深度参与供应链。

第五，与区块链等金融科技结合，重塑贸易金融生态系统。银行可利用区块链技术设计以特定货物信息为触发机制的智能合约，实现自动化贸易结算和自动化贸易融资。未来，随着信息技术的发展和 5G 时代的全面到来，物联网技术全面渗透生产、流通、消费各个环节，形成大量有效信息，并与金融服务体系、行政监管体系等多方融合，有望形成全新的、良性发展的贸易金融生态系统。

第七章　预付款融资

▶ **章节概要**

　　本章主要介绍了保兑仓、先票后货、预付款业务等对于核心企业下游经销商常用的综合金融产品，分析了相关业务产品的操作流程和风险防控点。

一、保兑仓业务

　　保兑仓业务指银行与经销商（承兑申请人，以下简称买方）、供货商（核心企业，以下简称卖方）通过三方合作协议参照保全仓库方式，即在卖方承诺回购、退款责任或调剂销售的前提下，以贸易中的物权控制包括货物监管、回购担保等作为保证措施，而开展的特定票据业务服务模式（见图7-1）。

　　保兑仓业务主要适用于知名品牌产品生产厂家（包括其直属销售部门、销售公司）与其下游主要经销商的批量供货所形成的商品交易关系或债权债务关系。

　　交易商品应符合以下要求：适应用途广，易变现；价格稳定，波动小；不可消耗，不易变质，便于保全。

　　卖方应具备的条件：卖方应为知名品牌（省级及以上）产品生产厂家，经营规模大，产品市场占有率较高。

保兑仓业务各合作方的合作内容：

（1）银行方：对买卖双方的商品交易签发银行承兑汇票并监控商品。

（2）买方：向银行申请为其开立的商业汇票提供承兑，并随时补充保证金随时提货，按期兑付银行承兑汇票。

（3）卖方：对银行承兑汇票敞口部分提供连带责任保证（及回购到期未发出商品）并配合银行共同监控商品。

保兑仓业务流程如图 7-1 所示。

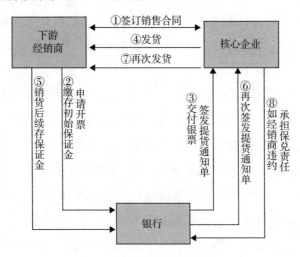

图 7-1　保兑仓业务流程

（1）采购商与供应商签订产品销售合同。

（2）采购商向我行申请授信，银行根据规定程序调查后给予授信额度。

（3）银行与采购商签订授信协议，与采购商、供应商签订三方差额回购协议。

（4）采购商存入规定比例保证金（票据项下）或自有资金，银行为采购商开立银行承兑汇票或发放贷款，并将开立的银行承兑汇票直接交付/划付资金给供应商（钢厂），允许采购商首笔保证金提货。

（5）采购商再次提取货物前，按协议约定向银行缴存保证金。

（6）银行核实资金入账后，向供应商签发提货凭证，供应商根据银行签发的提货凭证向采购商发货，采购商实现销售后将回笼款存入银行再行赎货，如此循环往复。

（7）到期销售回笼款不足以偿还的，其差额部分由供应商无条件向银行支付（相当于供应商未发货部分予以退货）。

（8）经销商在银行开立了银票后银行一般会采取双人送票或者邮寄的方式交至钢厂财务部。财务部收票后需要对收到的银票进行签收，并在"银票收到确认函"上签字盖章予以确认。"银票收到确认函"上的信息一般包括经销商名称、银行名称、三方协议编号、银票张数、票号、金额、期限等。

（9）经销商采取流动资金贷款的银行将经销商资金以现款方式支付到钢厂的指定账户，钢厂收款后将会向银行出具"收款证明"。"收款证明"上的信息一般包括经销商名称、银行名称、三方协议编号、金额等信息。

（10）经销商在银行开票后银行允许首笔保证金提货（贷款允许自有资金部分提货），向钢厂发出提货通知单，提货通知单中会有经销商名称、差额回购业务编号、货款金额等信息。后续每当经销商归还银行承兑汇票敞口或贷款时，银行同业会向钢厂发出提货通知单。钢厂收到提货通知单后将会向银行出具回执。

（11）每月初，银行将会就上月每个经销商在差额回购协议项下的业务情况与钢厂进行对账。对账将会列明企业截至上月末在该银行所有未结清业务情况。信息包括票号、票面金额、贷款项下现款收款金额、已发货金额（保证金金额加提前归还贷款金额）、未发货金额（在银行敞口金额）。

例如，重庆某钢铁（集团）有限公司（以下简称重庆某钢）是一家钢铁加工和贸易民营企业，由于地域关系，重庆某钢与四川某钢铁集团（以下简称四川某钢）一直有着良好的合作关系。重庆某钢年收入超过 5 亿元，但与上游企业四川某钢相比在供应链中还是处于弱势地位。重庆某钢与四川某钢的结算主要是采用现款现货的方式。重庆某钢由于自身扩张的原因，流动资金紧张，无法向四川某钢打入预付款，给企业日常运营带来很大影响。重庆某钢开始与商业保理公司（以下简称保理公司）接触。保理公司在了解重庆某钢的具体经营情况后，与当地物流企业展开合作，短期内设计出一套融资方案：由物流企业提供担保，并对所运货物进行监管，保理公司给予重庆某钢4500万元的授信额度，并对其陆续开展了现货质押和预付款融资等业务模式，对重庆某钢的扩大经营注入了一剂强心针。在取得保理公司的授信以后，当重庆某钢需要向四川某钢预付货款的时候，保理公司会将资金替重庆某钢付给四川某钢。与保理公司合作以来，重庆某钢的资金状况得到了极大改善，增加了合作钢厂和经营品种，销售收入也稳步增长。

该案例成功的关键首先在于融资的预付账款用途是向四川某钢进口原料，保理的融资是直接付给四川某钢，这就是在供应链的链条上借助核心企业的资信为下游企业进行了融资；其次是当地物流企业同意为其授信额度提供担保，并对所运货物进行监管，使保理公司可以降低信贷风险，在融资时通过第三方获得了物权控制。

二、先票后货存货质押业务（四方保兑仓）

融资模式简介：与保兑仓相比，该模式多引入了物流监管企业，核心企业收到款项后不再按照银行通知逐步发货，而是直接在一定时间内将货物发给银行指定的物流监管企业，物流监管企业代理银行占有货物，并按照银行的通知发货给经销商，这也是供应链金融最典型的融资模式（见图7-2）。目前，该模式主要运用在汽车、钢铁等供应链管理较为完善的行业。

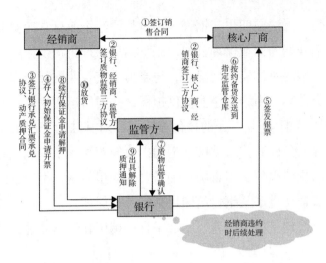

图7-2　四方保兑仓流程示意

[预收款融资相关案例]

一、基本情况

×××物流有限公司主营业务是销售热轧卷板等产品，此类产品为热销产品，供不应求，价格处于上涨之中。该公司为采购热轧卷板扩大经营，增加销售收入，实现更大的利润，急需短期流动资金贷款周转，以便订货，完成订单的销售。因此，该公司向当地多家金融机构申请贷款，都因企业规模小、财务报表不规范且不能提供有效的房地产等符合银行认可的担保，被几家银行拒之门外。

经过对企业的深入调查，A银行发现×××物流有限公司是×××集团有限公司（该集团是国有大型企业，生产经营良好，供货能力稳定，是银行AAA级企业）的主要销售经销商，目前×××集团有限公司投资扩大了自己的产能，资金也非常紧张，要求经销商预付全款提货。×××物流有限公司由于自己资金实力弱，规模较小，不能完成×××集团有限公司对其规定的采购任务，有可能失去一级经销商的资格。而该经销商的下游客户资金实力比较大，需求比较旺盛，全部实行货到付款的结算方式。因此，该经销商最大的苦恼就是达不到银行的贷款条件，无法获取贷款采购更多的热轧卷板，完成×××集团有限公司对其规定的采购任务，从而失去一级经销商的资格，也就是失去了发展壮大的机遇。同时，银行调查也发现，该集团客户也想让银行扶持自己的经销商发展壮大，多销售自己的产品，占领更大的市场份额，增强自己的市场竞争能力。根据经销商的供应链情况，A银行制定了保兑仓业务的融资服务方案。

二、服务方案

1. ×××物流有限公司与×××集团有限公司签订供销合同。

2. ×××物流有限公司与×××集团有限公司、J银行签订三方协议。协议中约定若出现承兑汇票到期时经销商未完全提货的情况，生产企业无条件按原价款回购货物并将货款返交银行。

3. ×××物流有限公司在A银行开立保证金账户，并依据供销合同向A银行交纳30%的承兑保证金后，申请开立银行承兑汇票。

4. 生产企业在收到银行承兑汇票后生产并保管货物。

5. 银行依据经销商缴纳的保证金向生产企业签署以经销商为货权人的货物提货单。

6. 生产企业按货物提货单向经销商发货。

7. 经销商销售取得回款后将资金划转到保证金账户。

8. A银行再签署不高于该经销商增划的保证金金额的货物提货单，在此融资方案的执行中始终保持保证金余额＋未提存货＝银行承兑汇票金额。

9. 如上述周转，直到经销商全部提完存货，并解付银行承兑汇票。此方案得到了生产商与经销商的一致同意，因此J银行接受了经销商的借款申请，一个月内为该公司开立银行承兑汇票5000万元，期限为半年，实现中间业务收入100万元。

三、对银行的益处

1. 借助生产商的信用和担保加强对经销商的控制，因此银行与企业的关系不再像传统融资那样单一，银行对经销商的控制能力增加，降低授信风险。

2. 成批开拓市场和客户，增加获利，降低营销成本。这是因为生产企业本来就已经对自己的供应链有很强的过滤效果，所以银行通过原有的生产企业开发新的优质经销商群体，对生产企业的经销商提供融资，达到成批开拓客户的目的。

3. 提高中间业务收入。通过该产品 J 银行向经销商收取承兑汇票承诺费、承兑汇票手续费、保兑仓业务管理费、货物提取手续费、货物回购手续费等费用，提高中间业务收入。

4. 伴随物流和资金流的封闭运行，经销商的动产由生产企业监管，达到银行控制货权的目的，经销商将销售回款汇入 A 银行指定的销售结算账户。银行在整个供应链中掌握着生产商和经销商销售信息，提高了银行资产的防控能力。

四、对企业的益处

1. 银行可以为企业提供保兑仓融资服务，通过卖方对买方的货物回购担保支持，使企业快速做大做强，生产厂家通过对经销商企业的培植，稳定和扩大自己的销售渠道，增加市场份额，在获得更大的利润的同时，减少了应收账款占用，提高了资金效率，增强自己的核心竞争能力。

2. 为经销商提供融资便利，解决全额购货的资金困难。以一次性投入较少的资金，享受了较高额度的销售折扣，投入了小本钱，做了大生意，增加盈利，加速资本积累。

3. 对于销售季节性差异较大的产品，销售商可以通过在淡季批量订货，旺季销售，获得更高的商业利润。

4. 通过银行信誉的介入，使买卖双方很容易达成交易，实现买卖双方互利共赢。

［产业链整合案例］

一、客户基本情况

A 公司是大型钢铁企业，钢铁产量居于国内前十位，其销售政策是预付货款提货，不接受赊销。B公司是国内最大的大型煤炭机械生产企业之一，其多采用赊销的方式采购钢材，账期一般为3个月。C公司是贸易型企业，既是A公司的经销商，又是B公司的供货商，每年经销A公司钢材2亿元，其中1亿元销售给B公司，其与A公司和B公司均保持有良好的合作关系。

C公司是轻资产的流通企业，由于A公司和B公司均占用其资金，资金压力极大，急需获得银行的融资支持，但缺乏银行开展一般信贷业务的担保资源。C公司承诺，可以通过与A公司和B公司的良好合作关系，争取其配合银行完成融资方案设计，且承诺一旦银行提供融资，将把该行作为唯一合作银行。

二、方案设计

1. A公司需预付货款提货，B公司需要赊销购货，且账期较长。

2. B公司付款周期一般能够保证在3个月内。

3. C公司预付货款后，A公司可按照C公司要求发货至指定地点，且A公司配合银行进行收款确认，并承诺如未发货则退款至银行指定账户。

4. B公司也承诺配合C公司融资银行的相关要求。

产品组合流程如图1所示。

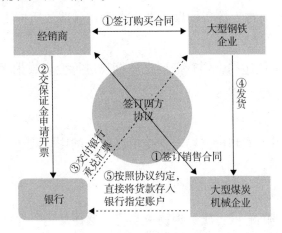

图1 产品组合流程

该产品组合是应收款产品（应收账款质押）和预付款类产品（先票后货）组合使用；银行不需要再委托第三方监管企业对货物进行监管；通过结构化设计解决了 C 公司的融资难题。

三、预付账款融资模式的风险点

预付账款融资主要针对核心企业下游经销商，其与应收账款融资最大的区别是质押物由应收账款转为实物。除了融资企业的经营状况、核心企业的资信状况、供应链的整体状况，其特殊的风险控制点主要有以下特征。

（一）质押物的选择

预付账款融资模式下，银行对于融资企业的授信时间较长，需要经历预定—生产—运输—存储—销售等环节，对于质押物的特性及价格稳定性要求较高。

除此之外，质押物是融资企业违约后银行减少损失的最为重要的保证，应当容易变现。因此，预付账款融资模式下，质押物应当具备以下四个特征。

1. 稳定性

作为质押的货物最好具有比较稳定的物理化学特征，不宜接受易碎、易爆、易挥发、易霉变等货物做质押，否则容易造成质押物价值的减损。

2. 流动性

一旦融资企业违约，银行需要把质押物进行变卖或拍卖，因此，质押物应当易于转让和出售。

3. 保值性

质押物应当价值和价格稳定，受市场波动的影响较小，货物价值要始终高于贷款的额度。

4. 产权明晰

融资企业提供的抵（质）押物应当符合法律规定，允许抵（质）押，而且权属清晰，不存在任何争议。

（二）质押权的实现

预付账款融资模式下，参与主体较多，各主体之间物流、资金流以及信息流纵横交错，操作风险加大，一旦发生将导致银行质押权难以实现。例如，银行在支付了预付款后，如果核心企业无法供货、不及时发货或发货不到及物流企业监管出现漏洞均会造成银行质押权的延迟或者落空。

（三）银行承兑汇票交接环节风险

预付款环节总体风险可控，之前爆发的案件主要集中在银行承兑汇票交接环节。银行承兑汇票交接环节需要核对好信息进行确认，一般情况下风险可控，但是也存在部分经销商利用银行与核心企业的交接环节钻漏洞，例如，银行承兑汇票由银行直接给经销商，经销商直接送票到核心企业。

风险点包括经销商可以开立多张银行承兑汇票，只部分交给核心企业；自制收款确认函。

具体来看，经销商只列交给核心企业部分取得核心企业印鉴后，利用Word 软件中"隐藏"或"反白"功能，对收款确认函进行套打；或者用褪色墨水书写收款确认函，骗取厂方印鉴墨水褪色后，修改为符合银行要求的确认函。

部分银行承兑汇票由银行直接邮寄给核心企业的也可能出现上述风险，经销商有可能冒充核心企业员工截留。在这种情况下，由于核心企业在留有空白的或者是可修改的收款确认函上签字并盖章，将会在收款环节与银行发生纠纷。

2016 年 9 月人民银行发布了《关于规范和促进电子商业汇票业务发展的通知》（银发〔2016〕224 号），要求自 2017 年 1 月 1 日起，单张出票金额在 300 万元以上的商业汇票应全部通过电票办理；自 2018 年 1 月 1 日起，原则上单张出票金额在 100 万元以上的商业汇票应全部通过电票办理。随着电票的推广，该业务环节风险极大降低。

［装备制造业行业金融案例］

一、基本情况

B 企业注册资本 300 万美元，主要经营电脑全自动针织机械制造和研发，年产量 6000~7000 台，销售收入超过 8 亿元。B 企业目前是国内该行业的龙头，国内市场占有率 40% 以上，其产品在国内处于技术领先水平，销售网络遍布全国各地。

二、难点分析

随着企业的不断发展和壮大，多家银行主动营销，但企业自身资金实力较强，现金流充足，实际授信使用量仅占全部授信额度的 5.5%。银行之间在传统业务上竞争激烈，营销切入点难寻。在这种形势下，企业与 A 银行的合作逐步减少，深入营销难度加大。

三、行业风险

电脑针织机械相比传统的手摇式机械具有产业升级的意义，中国市场由于纺织业发达，目前对电脑针织机械的需求量已达到世界总需求量的 70%，市场规模达到每年 80 亿元人民币，预计未来三年整个中国市场需求量将达到每年 300 亿元左右。国内电脑针织机械市场具有很强的行业成长性。

四、企业需求

B 企业有意向扶持一批下游优质设备采购商，从而进一步拓宽销售渠道和扩大市场占有率。B 企业下游多为针织服装企业和个体工商户，其中不乏订单充足的优质中小企业，但由于规模较小，产能有限，这些下游企业急需资金完成设备的更新改造，提升经营规模，但由于自身实力、担保能力差不能获取银行融资。

五、方案设计

对买方信贷业务客户准入：

1. 符合 A 银行授信资格和基本条件，生产经营稳定，具有较强的现金流。以往履行类似买卖合同的记录良好，财务实力较强，信用良好，没有发生过故意拖欠或违约的行为。

2. 优选针纺行业及经济发达的华南、华东等地区客户。

单笔授信业务基本要求：

1. 单个客户授信金额不超过 1000 万元人民币，单笔贷款金额不超过 B 企业与设备采购商签订合同金额的 70%，并以孰低原则确定。

2. 贷款期限 1~2 年，利率基准上浮 20% 以上，借款人采用按月等额本息还贷方式。

3. B 企业按单笔贷款金额的 20% 交纳保证金，并提供连带保证责任。

六、风险控制

1. 买方的风险主要通过风险屏蔽技术解决，核心企业信用担保引入是主要手段，同时还要对市场风险和操作风险进行控制，主要通过行业风险关注、贸易背景真实性、资金流控制等手段。

2. 与 B 企业签订一份合作协议，明确双方在本次授信业务中应各自承担的责任，其中 B 企业对推荐客户的所有授信资料及签字样本的真实性负责，银行仅对贸易背景真实性负责。

3. 资金封闭运作。银行将贷款资金直接转入 B 企业在银行的账户中，作为设备采购商的货款支付。

> ［轮胎产业供应链融资案例］

一、轮胎产业供应链基本情况

表 1　近三年企业产品销售情况

年份	产品	产能（万条）	实际产量（万条）	销量（万条）	销售额（万元）	利润总额（万元）
2010	全钢胎	300	262	260	356827	38363
2011	全钢胎	300	276	273	415421	40208
2012	全钢胎	300	291	290	427264	47526

资料来源：根据 J 轮胎公司财务报表相关资料整理得出。

××省J轮胎公司于2000年12月成立，地处全国规模最大、经营品种最全的专业轮胎生产基地，注册资本为2亿多元。该公司是当地政府的重点扶持企业，具有良好的发展空间和市场前景。

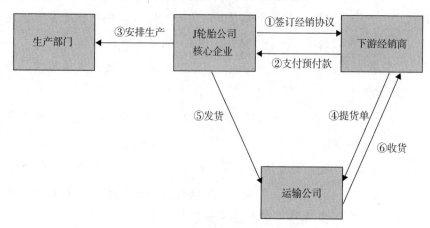

图1　传统轮胎销售模式流程

核心企业J轮胎公司与其下游经销商的传统销售模式流程如下：

1. J轮胎公司与经销商签署年度经销协议。

2. 经销商订货时，需先将款项预付至J公司销售部门开立的核算账户中或直接支付银行承兑汇票，J公司销售部门开出预付款收据，形成销售订单。

3. J轮胎公司生产部门根据经销商的订单安排生产，生产周期为1~3个月。

4. 货物生产完毕后，经销商将提货单交至J公司指定的运输公司货物运输到经销商指定地点，完成提货。在轮胎产业销售供应链中，J轮胎公司作为核心企业处于强势地位，不允许其下游经销商有赊欠行为，经销商只有先支付全部货款，才能够提到货。下游经销商若想扩大销售规模，就需要增加进货量，支付更多的预付资金，而这些经销商大多为中小企业，资金流紧张时就迫切需要向银行融资。在这种传统的轮胎销售模式中，银行只起到为核心企业开立结算账户的作用，商业银行考虑到这些经销商通常没有有效的土地、房产等抵押物作担保，信贷风险较高，往往不愿向其提供信贷融资。

二、供应链融资运作方案

为了解决下游经销商融资难的问题，同时满足核心企业壮大其经销商队伍、提升市场占比的需求，G银行拟采用"预付款融资＋保证金＋核心企业××省J轮胎公司提供担保及回购承诺"的方式为J轮胎公司指定的下游经销商办理小企业信贷业务，达到拓宽担保渠道、扩大客户规模、提升核心客户市场占有率、实现小企业信贷业务快速健康发展的目的。G银行与J轮胎公司协商沟通后，根据历年交易量和回款情况，选择其中16家优质的下游经销商推荐给G银行，作为开展供应链融资业务的目标客户，并由J公司向G银行建议授信额度。

设计供应链融资方案时的要素主要包括：

1. 采用"预付款融资＋保证金＋核心企业××省J轮胎公司提供担保及回购承诺"的方式办理业务。

2. 核心客户J轮胎公司向G银行推荐经销商名单并提供年度融资计划后与经销商、G银行签订《供货商、经销商与银行合作协议书》，明确三方的权利和义务。该协议约定，若经销商未能按时归还融资，核心客户承诺对轮胎进行回购或调剂销售，核心企业承担无限清偿责任。

3. 经销商需在G银行的核心客户所在地支行开立或指定专用账户，该账户作为向核心客户支付货款、归集销货款的唯一专用账户，并接受G银行监督管理。

4. 融资金额根据经销商年度经销协议及经销商申请金额确定，不高于预计进货总金额的70%。

5. 融资期限一般不超过3个月，最长可达6个月。

据此，设计出该供应链上的预付账款融资的具体操作流程，主要包括以下九个步骤：

1. 核心企业J轮胎公司与下游经销商（借款人）签订购销合同。

2. 经销商向在G银行开立的保证金账户中存入合同总量金额30%的保证金。

3. G 银行根据融资品种与经销商签订《预付款融资合同》，约定双方的权利义务。

4. G 银行与核心企业签订担保合同和商品回购承诺。

5. G 银行将贷款以受托支付的方式直接支付给核心企业，作为经销商从核心企业进货的预付款。

6. 经销商提货前向其在 G 银行开立的保证金账户中存入不少于本次提货总金额的保证金，并递交提货申请书，列明企业提货的相关条款。

7. G 银行核实经销商存入的保证金足额到位，根据提货申请书向核心企业签发提货通知书，三方合作协议中约定提货通知书为核心企业发货的唯一凭证，不得挂失、不得补办、不得随意涂改。

8. 核心企业在接到提货通知书并确认无误后，将回执递交 G 银行。

9. 核心企业收到提货通知书后向经销商发货。

第八章　融资租赁业务

▶ **章节概要**

　　本章主要介绍了制造业企业扩大销售，以及部分企业改善报表常用的融资租赁方式，并简要介绍了融资租赁业务的操作要点和风险防控点，辨析了直接租赁与售后回租的异同。

　　我国的融资租赁是改革开放政策的产物。改革开放后，为扩大国际经济技术合作与交流，开辟利用外资的新渠道，吸收和引进国外的先进技术和设备，1980 年，中国国际信托投资公司引进租赁方式。1981 年 4 月，第一家合资租赁公司中国东方租赁有限公司成立，同年 7 月，中国租赁公司成立。这些公司的成立，标志着中国融资租赁业的诞生。截至 2018 年，融资租赁合同余额约为 6.06 万亿元。

一、融资租赁的定义

　　融资租赁是指出租人根据承租人对租赁物件的特定要求和对供货人的选择，出资向供货人购买租赁物件，并租给承租人使用，承租人则分期向出租人支付租金，在租赁期内租赁物件的所有权属于出租人所有，承租人拥有租赁物件的使用权。租期届满，租金支付完毕并且承租人根据融资租赁合同的规定履行完全部义务后，对租赁物的归属没有约定的或者约定不明的，可以协议补充；不能达成补充协议的，按照合同有关条款或者交易习惯确定，仍然不能确定的，租赁物件所有权归出租人所有。

融资租赁是集融资与融物、贸易与技术更新于一体的新型金融产业。由于其融资与融物相结合的特点，出现问题时租赁公司可以回收、处理租赁物，因而在办理融资时对企业资信和担保的要求不高，所以非常适合中小企业融资。

融资租赁公司是商业银行获客有效渠道，通过与租赁公司合作，不仅能新增拓客渠道，与股东背景和风控能力较强的融资租赁公司合作还能有效降低授信风险。

二、租赁保理的定义

租赁保理业务就是将融资租赁业务与保理业务结合起来而形成的金融创新产品，是指在出租人与承租人形成租赁关系的前提下，租赁公司与保理商根据双方保理合同约定，租赁公司将融资租赁合同项下未到期应收租金债权转让给保理商，保理商支付租赁公司一定比例的融资款项，并作为租金债权受让人直接向承租人收取租金的经济活动。租赁保理的实质是租金作为应收账款进行转让与受让，满足了租金期限、金额可调的业务特点，突破了一般应收账款对应产品固定付款条件的限制。

三、租赁保理的意义

租赁保理是租赁公司一种重要的融资渠道，也是保理商（银行）获得保理收益的一项较好的中间业务。保理商可以与各类租赁公司开展保理业务合作，并与租赁物资产担保、供应商回购或银行保函等业务相结合，推动了租赁业的发展。

第一，解决租赁公司和承租人（客户）资金来源问题。租赁公司通过保理商将应收租金提前一次性收取，解决了资金难题，不受承租人付款资金约束。

第二，扩大生产厂家和租赁公司业务规模。无追索权保理可改善租赁公司资产负债表，解决资本充足率问题，租赁公司可依托客户优势实现小平台、大业务。同时，承租客户可取得租赁优惠。

第三，协助应收账款管理和催收工作。与保理商合作的银行介入，可规范出租人和承租人双方债权债务关系的执行。

第四，租赁保理相对于银行贷款比较优势大：一是对租赁公司而言，保理第一还款人是承租人，融资额大于贷款；无追索条件下，融资不计入租赁公司报表，是表外融资。二是对承租人而言，对租赁公司作保理不计入承租人财务报表，承租人承担还款责任但不增加负债。在财务结构及成本支出方面，保理均优于贷款。

四、租赁保理业务操作要点

（一）租赁保理合同条款涉及的主要内容

租赁保理合同是租赁公司与保理商之间确立保理法律关系、规定具体权利、义务责任的基本法律文件。保理合同应结构清晰，条款明确简洁，概念前后统一，便于操作和锁定有关风险。保理合同通常包括如下内容：合同主体；用语定义；应收租金债权范围和金额；保理商发放的融资款[①]（基本收购款和追加收购）金额和发放条件；保理期间和保理费用（融资费、逾期支付违约金、保理手续费、追索费用等）；各方陈述与保证；租赁合同及债权转让通知等提交；承租人租金归还；监管账户设立；错误支付的处理；保理商对租赁公司追索；回购款的支付；违约责任；合同生效与变更；法律适用和管辖等。

---

① 保理融资额度是保理商对应收租金实施保理而向租赁公司支付的款项，其数值应是保理后累计可收取的现金按照一定利率折算的现值，该利率应按照成本效益和风险溢价的原则协商确定，原则上不低于同期贷款基准利率下浮 10%。

（二）租赁保理的融资款和保理费用

保理作为一种融资手段，与信贷一样，银行和保理公司都需要计算各自要收取和支付的费用，以衡量、比较盈利空间或者融资成本。保理业务涉及的支付款项主要有银行通过保理商向租赁公司发放的融资款、租赁公司向保理商交纳的保理费用（如融资费、保理手续费、逾期支付违约金、追索债权的诉讼和仲裁费用）、回购款等。

根据不同租赁公司、不同租赁项目、不同保理商、不同地区融资利率水平、不同承租人等多种因素，上述费用项目取舍和金额高低均有不同。各项费用计算是保理业务操作最重要内容，直接关系到租赁公司成本负担和银行盈利空间，因此，无论是何项费用，均应写明费用名称、用语概念定义、计费基础、计算方法（公式）、期限起讫、费率等，避免产生理解和操作歧义。

保理商向租赁公司发放的融资款：应明确其计算基础（应收租金债权或租赁成本等）、融资比例或金额等。

保理商向租赁公司收取的保理费用：不同笔保理业务存在不同收费项目和标准。有的仅按照人民银行贷款利率或者上下浮动收取一笔或多笔融资费，有的还要加收逾期支付违约金、保理手续费等。

因承租人分期支付租金，应收租金债权存在多个履行期，按照各租金到期日时的融资款（收购款）余额，保理商比照同期贷款利率（或上下浮动比例）按各保理期间向租赁公司分别计取融资费。应注意约定各保理期间起讫、收购款余额计算方法等，避免余额本身，以及与逾期违约金等计算重复。

在发生承租人拖欠到期租金时，有的保理商再按照逾期天数比照贷款罚息利率向租赁公司收取违约金，应注意明确计费基础。

保理商一般要求租赁公司承担追索租赁债权的诉讼仲裁等有关费用，应注意费用项目应明确具体，避免"办理保理业务过程中一切费用"等一揽子兜底条款。

（三）租赁保理业务实务操作

1. 租赁保理业务的当事人

（1）承租人：使用设备的客户、是否购买设备的决策人。

（2）供货人：设备制造商或经销商、回购担保提供人。

（3）出租人：融资租赁公司、出资人、租赁物购买人。

（4）保理人：给融资租赁公司提供保理融资的保理商、租赁债权收购人。

（5）担保人：由供货商或者其他第三方提供回购保证或物权担保。

2. 租赁保理业务的基本操作流程

（1）租赁公司与供货商签署租赁物买卖合同。

（2）租赁公司与承租人签署融资租赁合同，将该租赁物出租给承租人。

（3）租赁公司向保理商申请保理融资业务。

（4）保理商给租赁公司授信（强调项目公司）、双方签署保理合同。

（5）租赁公司与保理商书面通知承租人应收租金债权转让给保理商，承租人填具确认回执单交租赁公司。

（6）保理商受让租金收取权利，给租赁公司提供保理融资。

（7）承租人按约分期支付租金给保理商，承租人仍然提供发票，通过保理商给承租人。

（8）当租金出现逾期或不能支付情况时，如果保理商和租赁公司约定有追索权，承租人到期未还租金时，租赁公司须根据约定向保理商回购保理商未收回的融资款，如果供货商或其他第三方提供租金余值回购保证或物权担保的，由供货商或其他第三方向保理商回购银行未收回的融资款。如果是无追索保理，则保理商不得对租赁公司追索，只能向承租人追偿。

（四）融资租赁保理的基本要素

（1）融资额度：保理商对应收租金实施保理而向租赁公司支付的款项，其数值应是保理后累计可收取的现金按照一定利率折算的现值，该利率应按照成本效益和风险溢价的原则协商确定，根据租金金额折现值确定融资额度，最高融资额度不超过租赁本金。

（2）融资期限：与对应租赁期限匹配，一般为 1~2 年，不超过 3 年。

（3）融资利率：按同期商业银行贷款利率，可在基准利率的基础上下浮 5%~10%，也可上浮 5%~30%。

（4）保理手续费：保理手续费率一般为 1‰~5‰，根据实际情况，也可以免除。

（5）保理保证金或预付金：原则上由承租人按租赁概算成本的10%~30% 或一个季度的租金值支付。

（6）租赁设备抵押：在进行租赁保理时，租赁物应当设定抵押，保理商为第一抵押权人。

（7）保理担保：由承租人自身或供货商（或其他第三方）提供保证或物权担保，在有追索的条件下承担向保理商回购保理商未收回的融资款。

（8）办理保险：在进行租赁保理时，承租人应为租赁物办理必需的财产保险，银行为第一受益人。

（9）承租人按与出租人签署的融资租赁合同的"租金支付表"按期支付租金给银行，租金发票由租赁公司开出委托保理商交给承租人。

（10）租金支付完毕，租赁物产权按约定处理。

（五）直租模式租赁保理融资模式

直租模式租赁保理融资是一种保理商针对通常情况下的融资租赁业务的应收租赁款进行的保理融资，是对已形成租金的应收账款的保理融资（先交付后保理）。在实务中比较多见，操作也比较简单。

在此模式中，租赁公司与承租人签署了融资租赁合同，也与供货商签署了买卖合同，货款及设备均已交付，已形成租赁公司的应收租金（见图8-1）。

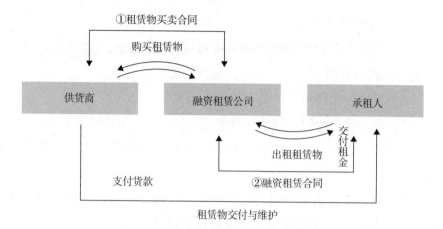

图 8-1　普通租赁保理融资流程

租赁公司需要在保理商对已形成的租金进行保理。用于解决"承租人实力强大，供货商弱小"租赁交易架构中的收款问题。

（六）售后回租保理融资模式

这是一种针对承租人自有设备进行的售后回租赁模式，用于解决调整承租人的财务结构，提高资产流动比率、速动比率。若承租人获得的资金部分用于归还银行贷款，则承租人负债率降低。

售后回租保理模式可以设计为在会计上按融资租赁核算的融资租赁模式，无余值处理，资产记在承租人头上；也可以设计为在会计上按经营租赁核算的经营租赁，即经营性回租赁模式，有余值处理，租赁资产记在租赁公司头上，实现承租人的表外融资。售后回租赁保理流程如图 8-2 所示。

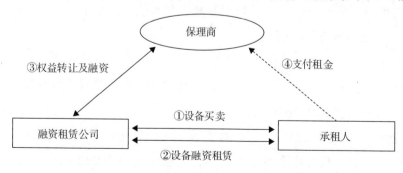

图 8-2　售后回租保理融资模式流程

售后回租业务流程：

（1）承租人与租赁公司签署融资租赁合同，承租人将机器设备以售后回租的方式销售给租赁公司并获得融资资金。

（2）租赁公司将机器设备出租给承租人。

（3）租赁公司与银行签订保理融资合同（有／无追索权）。

（4）银行将受让租赁公司应收账款的事实通知承租人，并由承租人进行确认。

（5）银行受让租赁公司的应收账款，并在人民银行质押登记系统录入转让给银行的应收账款信息，准备放款资料并审批后放款。

（6）承租人将应付账款支付至租赁公司在银行开立的回款账户用于还款。

（7）若承租人违约，银行有权向承租人及出租人追索。

［融资租赁案例1］

一、交易概述

鉴于 QS 公司制浆系统技改工程配套碱回收技改项目的预算资金需求及公司当前资金状况，公司以技改工程拟购置的 108 台套、价值 7161.22 万元人民币的设备作为标的物，以直租方式向 ZY 金融租赁有限公司申请融资 5000 万元人民币，租赁期限为 3 年，租金支付方式为起租后次月对应日支付第一期租金，以后按季度等额支付租金。

二、交易对方情况介绍

交易对方：ZY 金融租赁有限公司

注册地址：××市××××大道××号××银行大厦9楼

注册资本：20 亿元人民币

经营范围：融资租赁业务；接受承租人的租赁保证金；向商业银行转让应收租赁款；经批准发行金融债券；同业拆借；向金融机构借款；境外外汇借款；租赁物残值变卖及处理业务；经济咨询；中国银保监会批准的

其他业务。

三、交易标的基本情况

名称：QS 公司碱炉技改工程、二氧化氯制备系统等设备。

类别：固定资产（设备）。

四、交易合同的主要内容

1. 租赁物：QS 公司拟购置的碱炉技改工程、二氧化氯制备系统等共计 108 台套设备。

2. 融资金额：5000 万元人民币。

3. 融资租赁方式：直租方式。碱炉技改工程、二氧化氯制备系统等共计 108 台套租赁设备所有权归 ZY 金融租赁有限公司，QS 公司对 108 台套租赁设备享有占有、使用、收益权利。在 QS 公司付清租金等款项后，上述 108 台套设备由 QS 公司按名义价格 10000 元人民币购回所有权。

4. 租赁期限：3 年。

5. 租赁担保：QS 公司以持有的 450 万股"XY 银行"股票质押。

6. 租金及支付方式：起租后次月对应日支付第一期租金，以后每过三个月的对应日支付一次租金，每期租金金额为 4612602.82 元人民币，共 12 期。

7. 名义参考年租赁利率：为中国人民银行同期贷款基准利率[①]。

8. 租赁手续费：手续费为融资金额的 2.5%，放款前一次性支付租赁手续费 1250000 元人民币。

9. 租赁保证金：放款前一次性支付租赁保证金 2500000 元人民币，保证金不计利息。租赁保证金用于冲抵最后一期租金的相应金额。

五、本次融资租赁目的和对 QS 公司经营及财务状况的影响

本次融资租赁有利于推进 QS 公司在建项目建设进度，拓宽 QS 公司融资渠道，缓解资金压力。该项业务的开展不会损害 QS 公司利益，对 QS 公司本年度利润及未来年度损益情况无重大影响。

放款金额：5000 万元

---

① 本笔交易采取人民银行基准利率，2019 年 8 月后，金融机构广泛采用 LPR 计价。

保证金：250 万元

租赁手续费：125 万元

租赁期：3 年，分 12 期，每期为一个季度

每期租赁为：4612602.82 元

租赁物残值回购：1 万元

[融资租赁案例2]

融资租赁可以降低企业成本、降低资产负债率、改善财务报表、提高闲置资金收益，在以下案例中，通过融资租赁的方式有效改善了承租人的财务报表。

调整前，承租人的财务报表如表 1 所示。

表 1　某企业的资产负债表

资产	金额（万元）	负债及所有者权益	金额（万元）
流动资产	18566	流动负债	21500
长期投资	1250	长期负债	11267
固定资产	12167	总负债	32767
无形资产	4000	所有者权益	3216
总资产	35983	负债及所有者权益合计	35983

财务报表分析如下：

企业流动负债为 21500 万元，而流动资金为 18566 万元；长期资本（长期负债＋所有者权益）仅为 14483 万元，而长期资产（长期投资＋固定资产＋无形资产）为 17417 万元。企业缺乏流动资产来覆盖流动负债，导致流动性不足。从财务结构来看，企业属于典型的高风险型结构。

通过分析，某银行客户经理建议企业在 6000 万元短期贷款到期后，叙作长期贷款，同时引入租赁公司，为企业办理 5000 万元的机器设备售

后回租业务，假设企业其他指标不变，则调整后的财务结构如表 2 所示。

表 2　调整后的资产负债表

资产	金额（万元）	负债及所有者权益	金额（万元）
流动资产	23566	流动负债	15500
长期投资	1250	长期负债	22267
固定资产	12167	总负债	37767
无形资产	4000	所有者权益	3216
总资产	40983	负债及所有者权益合计	40983

经过贷款置换和融资租赁业务，企业流动负债减少至 15500 万元，流动资产增至 23566 万元；长期资本增至 25483 万元，而长期资产仍保持 17417 万元。

企业的长期资本不仅能完全满足长期资产需要，而且还能够满足部分永久性流动资产（企业必须持有的最低限额的现金、存货等）的资金占用需要，企业资产结构与资本结构相匹配，与调整前相比，财务结构显著改善。

第九章　国内信用证业务

▶ **章节概要**

国内信用证是适用于国内贸易的一种支付结算方式，是开证银行依照申请人（购货方）的申请向受益人（销货方）开出的有一定金额、在一定期限内凭信用证规定的单据支付款项的书面承诺。本章主要介绍了国内信用证的基本概念、特点、对客户的益处、操作流程。同时，本章重点分析了国内信用证的融资方式及风险防范。

一、国内信用证的基本概念

国内信用证是指银行应购货方（开证申请人）申请，向其出具的付款承诺，承诺在符合信用证所规定的各项条款时，向销货方（受益人）履行付款责任。国内信用证是用于国内贸易货款支付的信用证，它是适用于国内贸易的一种结算方式。国内信用证是一种有条件的银行信用。

（一）信用证专有名词释义

1. 申请人

申请人是指提出开立信用证申请，并承担支付信用证款项义务的法人或其他经济组织。

2. 受益人

受益人是指有权收取信用证款项的法人或其他组织，一般为买卖合同的卖方。

3. 开证行

开证行是指接受开证申请人的申请，开立国内信用证并承担审单付款义务的银行。

4. 通知行

通知行是指受信用证开证行委托向受益人发出信用证通知的银行。

5. 议付行

议付行是指接受受益人申请，向受益人办理信用证议付的指定银行。

6. 议付

议付是指银行在"单证一致、单单一致"的情况下，或单据存在不符点但被开证行有效承兑的情况下，扣除议付利息和手续费后，向信用证受益人给付对价的行为。

（二）信用证的特点

1. 信用证的独立性

信用证是一项独立文件，不依附于贸易合同。信用证是以贸易合同为依据而开立，但一经开立就独立于贸易合同而存在。

2. 信用证是一种纯单据业务

信用证是一种纯单据业务，结算仅以单据为处理对象。信用证对于受益人履行契约的审查仅针对其交到银行的单据进行，只要单据相符，银行就可以付款。

3. 信用证是一种银行信用

信用证是一种银行信用，开证行负第一性的付款责任。开证行是主债务人，对受益人负有不可推卸的、独立的付款责任。

（三）信用证的功能及益处

1. 对买方的好处

国内信用证开立阶段属于或有负债，对于上市公司而言，该项债务仅为表外负债，起到改善报表的作用。基于信用证，买方可以获得信用增级，提高信用等级，减少资金占用，加速资金周转，同时依据单据和信用证条款，控制货权，装期和质量，降低交易风险。

2. 对卖方的好处

卖方收到信用证，获得了银行信用的收款保证，保证了应收账款的质量。基于国内信用证项下的银行承兑，国内信用证提供了一种便利的融资方式，卖方可以灵活地获取银行融资，控制财务成本。

3. 对银行的好处

信用证信用风险系数较低，仅为 20%，远低于银行承兑汇票的100%，占用较少风险资产，满足了买卖方多样化的融资需求。

拓宽了业务收入来源，包括开证保证金、承兑 / 议付手续费、中间业务收入、融资利率等可观收入。

对于受益人银行来说，锁定货款回笼，便于封闭管理；也有利于银行链条式开发贸易链上中下游客户群，稳定发展核心价值客户，扩大客户基础和其他收入来源。

（四）国内信用证业务流程

国内信用证业务流程如图 9-1 所示。

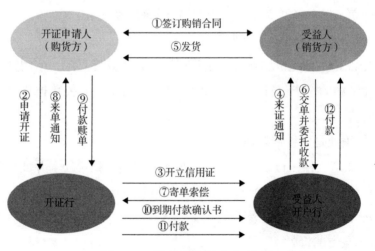

图 9-1　国内信用证业务流程

（五）国内信用证与银行承兑汇票的区别

国内信用证与银行承兑汇票作为支付结算工具，在很大程度上具有相似性，表 9-1 将国内信用证与银行承兑汇票作一比较。

表 9-1　国内信用证与银行承兑汇票比较

项目	国内信用证	银行承兑汇票
适用规则	《国内信用证结算办法》	《支付结算办法》《票据管理实施办法》《票据法》等
付款责任	单证相符才承担确定付款或到期付款责任	先承兑再使用；无条件支付（合法抗辩事由除外）
跟单性	要求提交商业单据；信用证凭证体现贸易标的	不附带其他单据；银承凭证不体现贸易标的
支付方式	允许一定溢短装比例，可分次来单、付款	定额，一次支取
是否允许修改	经卖方同意可增额、展期或其他条款的修改	不可
风险资产占用	20%	100%
融资方式	打包贷款、卖方融资、议付、买方融资、福费廷	贴现

二、国内信用证的主要融资方式

（一）打包贷款

打包贷款是指银行应卖方（国内信用证受益人）的申请，以其收到的信用证项下的预期销货款作为还款来源，为解决卖方在货物发运前，因支付采购款、组织生产、货物运输等资金需要而向其发放的短期贷款。

适用对象为国内贸易的销货方，用于信用证对应交易项下的生产、备货。

主要风险点：因打包贷款项下，卖方实际尚未生产货物，因此风险较大，包括卖方挪用打包贷款项下资金、卖方不能按期组织生产并在信用证有效期内交单、销售回款未及时归还贷款。

控制措施：对贷款资金使用进行监督支付；跟踪监控企业采购、生产、备货、发运过程，确保其按期履约交货并及时向银行交单；信用证项下销售回款必须用于归还打包贷款。

（二）国内信用证项下卖方融资（议付 / 卖方押汇）

国内信用证项下卖方融资业务是指以借款人（国内信用证受益人）收到的延期付款国内信用证项下的应收账款作为主要还款来源，由银行为其提供的短期融资。卖方融资业务分为议付和卖方押汇两种类型。

议付是指银行在单证一致、单单一致的条件下，扣除议付利息和手续费后有追索权地向受益人给付对价的行为。

卖方押汇是指在信用证及其项下单据存在不符点或不能确认单证一致的情况下，在收到开证行或保兑行的到期付款确认书后，对国内信用证项下应收账款进行的融资。

适用对象为国内贸易的销货方，货物已发运并提交符合信用证条款规定的单据。

（三）国内信用证项下买方押汇

买方押汇是指在国内信用证项下，银行作为开证行收到卖方银行寄送的单据后，由银行代开证申请人支付货款的一种贸易融资，开证申请人在约定期限内偿还银行的融资本金、利息和费用等。

适用对象为国内贸易的购货方（开证申请人），需要以销售货物的资金用于支付购货款，银行资金填补时间差。

（四）福费廷业务

福费廷业务是指议付行作为卖出银行，将从信用证受益人处以议付形式无追索权买断的国内信用证项下未到期债权，在二级市场上，以无追索权形式卖断给买入行的业务。

福费廷业务丰富了国内信用证产品的功能，并扩大了业务的适用范围。

三、国内信用证的主要风险及风险防范

（一）国内信用证的主要业务风险

一是信用风险。由于我国当前信用环境还不完善，企业无理由拒付合格单据或因破产给银行带来的风险不容忽视。信用证是开证行以自己的信用作出的付款保证，即在信用证方式下，开证行承担第一性的付款责任。当买方企业无力偿付或因市场情况发生变化，拒绝付款赎单时，只要买方企业提交的单据做到单单相符、单证相符，开证行必须承担付款责任。

二是欺诈风险。由虚假、欺诈等贸易背景的不真实而带来的风险成为国内信用证业务主要风险的源头。信用证对买卖双方都有融资作用，使买卖双方对融资的目的格外明显，于是买卖双方互相勾结，虚构本不存在的交易，或签订高价购销合同，骗取银行开立信用证，然后双方伪造全套单据，通过议付诈骗银行资金，待银行发觉，诈骗者已携款逃跑或宣告破产，即使银行拥有物权，也因货价高估，无法抵付已付出的款项。此外，内部传递一定程度上规避了票据伪造风险，防止一些商业欺诈行为的发生，但并不完全，因此，伪造、变造国内信用证诈骗现象层出不穷。

三是操作风险。近年来，国内信用证业务呈现出逐年增长的趋势，但是随之而来的一些业务操作上的不规范、不合理甚至违规的问题也大量出现。有的银行片面认为国内信用证属于低风险、高收益业务，设定了明显低于贷款业务的准入门槛；有的银行将国内信用证业务完全放权给结算部门，由其直接进行客户发起、审批与授信，缺乏风险管理的独立性；有的银行将国内信用证项下融资视为流动资金贷款的替代产品来发展，信用证叙做业务的融资期限超过货物周转期的情况时有发生；有的银行对信用证项下的贸易背景真实性审核不到位，对资金流向跟踪监控深度不够，导致套取银行信用事件的发生。

（二）加强风险防控的建议

一是加强授信全流程管理，防控信用风险。应充分利用信用证物流、资金流和信息流一体化的特点，跟踪信用证项下的贸易上下游关系，对企

业非主营业务及关联交易开证或办理融资予以严格控制。开证必须具有真实的贸易背景和交易关系，防止融资周期超过货物周转时间，认真落实保证金及抵押担保等付款保证措施，有效监控融资资金流向及还款来源，严防利用关联交易、滚动套贷等手段套取银行资金。

由虚假、欺诈等贸易背景的不真实而带来的风险成为国内信用证业务一切风险的源头，因此，在国内信用证业务管理过程中将对贸易背景真实性的调查作为风险防控的重中之重。应首先强化营销人员的责任，要求营销人员每一笔开证交易都要对企业进行深入的了解，具体审查该笔交易是否是真实存在的，双方交易的商品或服务内容是什么，价格是否合理；贸易双方企业是否具有较强的市场竞争能力和良好的发展前景；双方合作关系是否稳定，履约交货记录良好，销售回款正常，其间未发生贸易纠纷；双方交易的商品（服务）是否质量可靠，符合国家、行业标准，在同类商品中具有较强的竞争力；应收账款是否真实、合法、有效、权属清晰、账龄结构合理，以往应收账款是否均能正常收回。

二是采取措施，合理规避法律风险。首先，要加强合同文本审核与管理，确保手续完备与合规，审慎开立"软条款"，特别是单证不符且开证申请人同意付款的情况下，银行的付款责任问题应予谨慎处理。其次，国内信用证融资抵押的货权凭证很多都不受法律保护，因此，商业银行在货权抵押凭证的选择上要谨慎；而同时不要因为有国内信用证抵押而放松了对其他担保物的风险审查。最后，信用证诈骗罪的条件不明，因此，银行要严格审查业务的真实性谨防诈骗案发处于被动地位。

三是加强审核，避免操作风险。首先，要加强单据审核，特别是要把握好审单标准，有效核对客户印鉴，区分业务审批权与函电签发权，严格付款条件的审核审批，不仅要核查有效税务凭证，而且要审查货权凭证的物权属性。其次，对以国内信用证抵押提出融资申请的企业，放款前应对申请人的资产负债、资信情况、财务状况等进行审查，同时，应对信用证的真实性、有无软条款，提交的信用证是不是正本等情况进行审查。最后，国内信用证打包贷款有包含的业务较多、客户情况复杂等诸多因素，银行内部要加强部门之间的协作。

四是流程化管理，权责明确。对信用证业务开证申请、单证审查、卖方融资等各个环节进行明确的职责界定，强化营销人员对贸易背景真实性及单证审查人员对单证表面真实性的审查责任。通过强化责任落实，建立严格的责任追究机制，杜绝风险发生后互相推诿扯皮的现象发生。同时，制定具体的实施细则和管理规定，理顺业务办理流程，严格按流程要求操作，防范风险。

第十章　票据业务

▶ **章节概要**

本章主要介绍了票据业务，包括票据的签发、签收、承兑、背书转让、贴现、质押、付款以及票据池业务。同时，结合业务实际情况，分析了票据业务的营销要点与风险防范方式。

随着票据业务相关规章制度逐渐完善，系统建设逐渐健全，市场不断扩容，需求逐渐加大。2016 年 9 月 7 日，人民银行发布了《关于规范和促进电子商业汇票业务发展的通知》（银发〔2016〕224 号），明确自 2017 年 1 月 1 日起，单张出票金额在 300 万元以上的商业汇票应全部通过电票办理；自 2018 年 1 月 1 日起，原则上单张出票金额在 100 万元以上的商业汇票应全部通过电票办理。电票交易主体扩大到全银行间市场，自 2016 年 9 月 1 日起，除银行业金融机构和财务公司以外的、作为银行间债券市场交易主体的其他金融机构可以通过银行业金融机构代理加入电票系统，开展电票转贴现（含买断式和回购式）、提示付款等规定业务，整体市场交易活跃度将因此大幅提升，市场容量也将大幅增加。

一、电子商业汇票简介

电子商业汇票系统是指中国人民银行建设并管理的，依托网络和计算机技术，接收、存储、发送电子商业汇票数据电文，提供与电子商业汇票货币给付、资金清算行为相关服务，并提供纸质商业汇票登记查询服务、商业汇票转贴现公开报价服务的业务处理平台。

电子商业汇票（以下简称电子票据）是指出票人依托电子商业汇票系统，以数据电文形式制作的，委托付款人在指定日期无条件支付确定的金额给收款人或者持票人的票据。电子商业汇票分为电子银行承兑汇票和电子商业承兑汇票。电子票据与纸票比较详见表10-1。

表 10-1　电子票据与纸票比较

付款期限	最长不超过 1 年	最长不超过 6 个月
票据金额	单张最高 10 亿元	一般不超过 1000 万元
填制方式	网上录入，增加复核环节，提交前可任意修改	手工填写，不得有任何涂改痕迹
签章方式	电子签名	财务专用章、汇票专用章等
流转方式	电子流转	手工交付
安全性	高	低（遗失、损毁等）
防伪性	好	差（克隆票等）
业务创新空间	广阔	狭窄

（一）票据的签发、签收

电子商业汇票依托网上银行和电子商业汇票系统，以电子签名取代实体签章，以数据电文形式签发、流转，委托付款人在指定日期无条件支付确定的金额给收款人或者持票人的票据。

收款人、被背书人可与接入行、接入财务公司签订协议，委托接入行、接入财务公司代为签收并代理签章。

商业承兑汇票的承兑人可与接入行、接入财务公司签订协议，在符合办法规定的情况下，由接入行、接入财务公司代为签收或驳回提示付款指令并代理签章。

票据当事人通过电子商业汇票系统作出行为申请，行为接收方未签收且未驳回的，票据当事人可撤销该行为申请。电子商业汇票系统为行为接收方的，票据当事人不得撤销。

电子商业汇票最长期限为一年。

电子商业汇票可跨各金融机构系统流转。

出票人在电子商业汇票交付收款人前，可办理票据的未用退回。

出票人不得在提示付款期后将票据交付收款人。

电子商业汇票的出票人必须为金融机构以外的法人或其他组织。

电子商业汇票出票是指出票人签发电子商业汇票并交付收款人的票据行为。电子商业汇票出票人在电子商业汇票交付收款人前，可办理票据的未用退回。电子商业汇票出票人不得在提示付款期后将票据交付收款人。

在纸质汇票中，如果票面信息在出票过程中出现错误，出票人可以采取撤回措施。在电子商业汇票系统中，出票信息登记完成之后票面上的信息错误是不可以修改的，但是中央银行的业务流程和系统设计对此问题也有所准备，即出票人通过撤票操作可以撤销这张票据，然后再出一张新的票据。具体来说，在票据未提交收款人签收之前，电子商业汇票出票人都可以撤销这张票据。另外，各项业务均可撤回，也就是说，出票人若发现票据信息有误但这张票据已经发给承兑人提示承兑或发给收款人提示收票，出票人都可以先撤回相关的业务申请，然后再将票据撤销。这种操作与现行纸质票据中的未用退回非常类似。

电子票据的签发详见图 10-1。

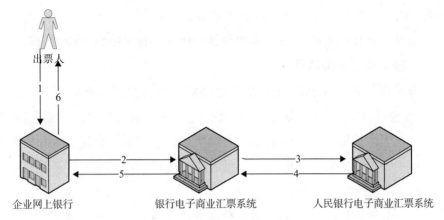

图 10-1　电子票据的签发

（二）票据的承兑

电子银行承兑汇票的承兑有以下几种方式：

（1）真实交易关系或债权债务关系中的债务人签发并承兑。

（2）真实交易关系或债权债务关系中的债务人签发，交由第三人承兑。

（3）第三人签发，交由真实交易关系或债权债务关系中的债务人承兑。

电子银行承兑汇票的出票人应向承兑金融机构提交真实、有效、用于证实真实交易关系或债权债务关系的交易合同或其他证明材料，并在电子商业汇票上作相应记录，承兑金融机构应负责审核。

承兑人应在票据到期日前，承兑电子商业汇票。

电子银行承兑汇票由真实交易关系或债权债务关系中的债务人签发并交由银行或财务公司承兑，且出票人、收款人不得为同一人。

（三）转让背书

转让背书是指持票人将电子商业汇票权利依法转让给他人的票据行为。

票据在提示付款期后或记载不得转让事项的，不得进行转让背书。

转让背书应当基于真实、合法的交易关系和债权债务关系，或以税收、继承、捐赠、股利分配等合法行为为基础。

以背书转让的汇票，后手应当对其直接前手背书的真实性负责。

（四）电子票据贴现

电子票据贴现是指持票人在票据到期日前将票据权利背书转让给银行、财务公司，由其扣除一定利息后，将约定金额支付给持票人的票据行为。

持票人申请贴现时，应向贴入人提供用以证明其与直接前手间真实交易关系或债权债务关系的合同、发票等其他材料，并在电子商业汇票上做相应记录，贴入人应负责审查。

电子商业汇票贴现可选择票款对付方式[①] 或其他方式清算资金。

（五）票据质押业务

电子商业汇票的质押是指电子商业汇票持票人为了给债权提供担保，在票据到期日前在电子商业汇票系统中进行登记，以该票据为债权人设立质权的票据行为。

主债务到期日先于票据到期日，且主债务已经履行完毕的，质权人应按约定解除质押。

主债务到期日先于票据到期日，且主债务到期未履行的，质权人可行使票据权利，但不得继续背书。

票据到期日先于主债务到期日的，质权人可在票据到期后行使票据权利，并与出质人协议将兑现的票款用于提前清偿所担保的债权或继续作为债权的担保。

（六）付款

提示付款是指持票人通过电子商业汇票系统向承兑人请求付款的行为。

持票人应在提示付款期内向承兑人提示付款。

提示付款期自票据到期日起 10 日，最后一日遇法定节假日、大额支付系统非营业日、电子商业汇票系统非营业日顺延。

---

① 票款对付，是指票据交付和资金交割同时完成，并互为条件的一种交易方式。

纸票用语都是托收，而电子商业汇票都是提示付款。

持票人在票据到期日前提示付款的，承兑人可付款或拒绝付款，或于到期日付款。承兑人拒绝付款或未予应答的，持票人可待票据到期后再次提示付款。

（七）票据池

票据池就是客户将票据全部外包给银行，银行为客户提供电子商业汇票鉴别、查询、保管、托收等一揽子服务，并可以根据客户的需要，随时提供商业汇票的提取、贴现、质押开票等融资，保证企业经营需要的一种综合性票据增值服务，这样客户自己就可以将全部精力集中于主业（见图10-2）。

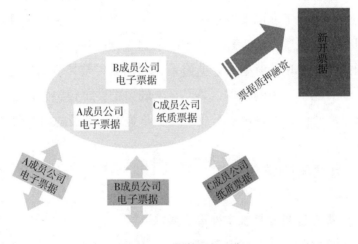

图 10-2　票据池示意

票据池适用于票据往来量非常大、暂时没有贴现需求的大型集团客户，如钢铁、汽车、石化、电力物资等重要客户。该产品可以极大降低大型集团客户的票据业务工作量，科学高效管理集团的所有票据资源。票据池中，可以视客户需求补充保证金，票据质押额度+保证金=总额度（见图10-3）。

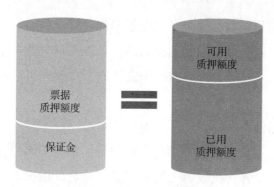

图 10-3 质押额度示意

与传统意义上的票据池管理思路相比，现代票据池概念，一是"池子"建在企业（或企业集团）内部，如企业（或企业集团）的职能部门——财务部，或企业集团下属的非银行金融机构——财务公司，而不是建立在外部商业银行；二是票据池管理，既包括票据实物的集中保管，也包括票据行为（如开票、贴现、背书、票据追索、到期支付与托收）的集中管理；三是进入到"池子"中的票据，是广义上的票据，不仅包括商业承兑汇票和银行承兑汇票，还可以包括企业（或企业集团）创设的内部票据。

二、票据风险防范

（一）提高贸易背景真实性审查效率

对资信良好的企业申请电子票据承兑的，金融机构可通过审查合同、发票等材料的影印件，企业电子签名的方式，对电子票据的真实交易关系和债权债务关系进行在线审核。

对电子商务企业申请电子票据承兑的，金融机构可通过审查电子订单或电子发票的方式，对电子票据的真实交易关系和债权债务关系进行在线审核。企业申请电子票据贴现的，无须向金融机构提供合同、发票等资料。

[风险案例]

据公开报道，河南 A 银行声称，有离职员工伪造了开户资料和印鉴，并持有上述伪造文件在 B 行开设了同业账户，该同业账户冒用 A 行名义通过 B 行提供的电子商业汇票代理接入方式接入了电子商业汇票系统，从事票据诈骗活动。该离职人员以数家企业名义开具总面额为 20 亿元的电子商业汇票，由 A 行承兑，并由 A 行贴现后转贴现卖出给了 C 行。目前已被承兑行以涉嫌票据诈骗为由拒绝承兑。

一、同业账户定义

同业账户是指银行业金融机构（以下简称银行）为境内其他银行开立的、与本银行或者第三方发生资金划转的人民币银行存款账户。

同业账户根据用途可以分为结算类和投融资类。结算类是指用于代理现金解缴、代理支付结算等支付结算业务的账户；投融资类是指用于同业存款（结算性存款除外）、同业借款、买入返售（卖出回购）、同业投资等融资和投资业务的账户。

二、同业账户的开立要求

在规范同业业务、加强监管的背景下，人民银行出台了《关于加强银行业金融机构人民币同业银行结算账户管理的通知》（银发〔2014〕178号），对于开设同业账户、落实日常管理作出了严格要求，具体措施有：

1. 商业银行可以根据需要，异地开设同业账户。

2. 开立同业账户，应提交的资料较多，包括金融业务许可证、营业执照、组织机构代码证、基本账户开户许可证、机构信用代码证、税务登记证、法定代表人或负责人的身份证的原件和复印件之外，还应包括单位出具的授权书，授权书应当明确授权办理的具体事宜。上述资料必须交由开户银行的工作人员双人现场核对原件和复印件，复印件上由业务员加盖"与原件核对相符"的印章并双人签章。

3. 执行同一银行分支机构首次开户面签制度，由开户银行两名以上工作人员共同亲见存款银行法定代表人（单位负责人）在开户申请书和银行账户管理协议上签名确认。

4. 至少采取下列两种方式对存款银行开户意愿的真实性进行核实：一是通过大额支付系统向存款银行一级法人进行核实；二是到存款银行上门核实或者通过本银行在异地的分支机构上门核实。

5. 完整留存对开户意愿和开户证明文件真实性核实的纸质、视频、电话等记录。

6. 对可以开设同业账户的银行等级提出了要求：开户银行为存款银行开立投融资性同业银行结算账户的，应当为开户银行二级分行及以上营业机构。支行及以下分支机构不得作为投融资性同业银行结算账户的开户银行，也不得为异地（跨县市）存款银行开立同业银行结算账户。

根据媒体的报告信息来看，案件所涉及的同业账户问题是关键问题。这个同业账户到底是如何开设的？是否伪造了证件、授权手续？是否存在恶意串通和欺骗？显然，如果这个同业账户是依法设立的，则 A 行的抗辩理由就失去了依据，拒绝承兑之说站不住脚。相反，如果存在伪造文件并欺诈设立同业户，则问题会变得复杂。

三、涉案电子商业汇票的承兑行为是否有效

票面记载的 A 行承兑行为是否有效？本案的承兑行为是否有效的核心是"承兑行为是否是 A 行的真实意思表示下进行的？"

本案中，A 行和 B 行对同业账户开立具体事项各执一词。A 行声称是已离职的员工伪造了资料，在 B 行开设了同业账户，并接入 ECDS 系统，而 A 行对此并不知情。而 B 行声称已经按照相关规定审核了 A 行开设同业账户的资料，并且通过前往 A 行总行办公楼内与工作人员面谈、通过 A 行在其他银行开立同业账户时留下的电话号码进行核对。

在案件真相水落石出之前，仅依双方的声明来看：

1. 根据 A 行的声明，涉案汇票上的承兑签章，系他人伪造 A 行的材料，冒用名称申请的，因此该电子商业汇票上的承兑签章是伪造的。根据相关司法解释的规定，被伪造签章者不承担票据责任，A 行依法不应当根据被

伪造的电子签章承担承兑责任。

2. 而根据 B 行的声明，B 行在审核同业账户开立申请时，已经尽到了审核责任，进行了原件复印件比对、B 行办公场地内现场核对、电话核认等。

如果经鉴定 B 行所审核的各项开户资料均为真实，则无疑 A 行要对承兑承担责任。

若各项开户资料系伪造，但 B 行的确通过现场核认、电话核认的方式进行了审核，尽了审核的责任。根据《合同法》有关表见代理①的规定，B 行有理由相信所谓的离职人员有代理中旅银行开设同业户并办理 ECDS 系统接入的权限，该开设同业账户并接入 ECDS 系统的行为有效。涉案汇票的承兑可以视为承兑行真实的意思表示，承兑行为有效，应当承担票据责任。

（二）合同审查要点

一是交易合同的供需双方应是商业汇票的最后背书人与其直接前手，供需双方印章清晰。

二是合同必须具备合同法规定的全部合同要素。

三是标的，即商品名称应与税务发票上的商品名称一致；记载数量、单价等要素一般也应与税务发票一致。

四是合同签订日期一般应早于或等于商业汇票的出票日。

五是合同不能重复使用，签订的合同金额，一般应大于或等于商业汇票金额。

六是如合同载明履约的有效期限，则票据的出票日、税务发票的开票日一般应在其有效期限内。

七是对水、电、煤、油、燃气等公用事业单位持有的商业汇票，如因特殊原因不能提供其与相关企事业的商品交易合同，要求其出具供应计划

---

① 表见代理指虽然行为人事实上无代理权，但相对人有理由认为行为人有代理权而与其进行法律行为，其行为的法律后果由被代理人承担的代理。表见代理从广义上看也是无权代理，但是为了保护善意第三人的信赖利益与交易的安全，法律强制被代理人承担其法律后果。

（如供电计划）或其他能证明有过供应的事实的材料。

八是合同中货款结算方式应标明部分或全部以银票结算。

（三）发票审查要点

增值税专用发票是由国家税务总局监制设计印制的，从目前增值税专用发票使用情况来讲，光靠肉眼一般很难辨别真伪，所以光从票面来看真伪显然已经是很难了，但我们在做业务过程中，从以下五个方面检查：

一是发票联次及内容填写规范。第一联是记账联，是销货方的记账凭证，即是销货方作为销售货物的原始凭证，在票面上的税额指的是销项税额，金额指的是销售货物的不含税金额价格；第二联是抵扣联（购货方用来扣税）；第三联是发票联（购货方用来记账）。发票需一次开具，三联的内容需一致，发票在机器打印开具后不得再用手工涂改，涂改无效，各个项目需要清楚填写（购销双方税号、名称、地址、电话及开户行等）。

二是发票应清晰。应审查发票原件中的存根联或抵扣联，抵扣联的发票名称上应盖有国家税务总局监制的"全国统一发票监制章"。

三是发票原则上必须加盖销货方增值税发票专用章或财务专用章，加盖单位公章或其他印章的增值税发票无效；发票专用章上的号码应与供货方纳税人识别号一致。

四是发票名称上不带"省、自治区、直辖市"字样，应为"××增值税专用发票"。如不能是"浙江省增值税专用发票"应是"浙江增值税专用发票"。

五是发票的 8 位数流水号、10 位数发票代码应与密码区的流水号、代码号一致，流水号为铅字流水打印。

三、票据业务产品组合与营销

（一）大额银行承兑汇票换小额银行承兑汇票

企业在交易中，会收到下游的面值较大的银行承兑汇票，为了匹配与上游交易，同时，为了避免贴息的融资成本，企业可以选择在银行办理大额银行承兑汇票质押，开立短期限的银行承兑汇票。

［银行承兑汇票质押案例］

某核心企业上游供应商 A 在收到核心企业支付的 1000 万元大额银行承兑汇票（银行承兑汇票到期日 3 月 1 日）后，存在支付需求，A 需要向其上游卖方分别支付卖方 B 300 万元（4 月 1 日到期），支付卖方 C 200 万元（5 月 1 日到期），支付卖方 D 100 万元（6 月 1 日到期）。

A 存在两种选择，一是自身选择承担融资成本将 1000 万元银行承兑汇票贴现后，分别支付给卖方 B、C、D。二是在银行办理票据质押业务，将 1000 万元银行承兑汇票质押，分别开立 300 万元，200 万元，100 万元银行承兑汇票，用于向上游卖方 B、C、D 进行支付货款。

很显然，第二种方式有利于 A，减少了融资成本，对银行来说，在 6 月 1 日前，托收回来的款项，就变成了非常稳定的结算款项沉淀。

（二）商业承兑汇票质押换银行承兑汇票

目前，流贷票据化趋势明显，且处于垄断地位的核心企业，更倾向于开立商业承兑汇票。商业承兑汇票开立没有保证金，开立成本低廉，利用核心企业自身资信，增加了核心企业的流动资金。但对于上游供应商来说，商业承兑汇票流动性弱，变现难度大，融资成本高，往往供应商倾向于将商业承兑汇票置换成流动性强的银行承兑汇票。

因此，部分银行择机推出商业承兑汇票质押业务，按照一般授信流程，对核心企业或中小供应商核定专线额度，在一定额度范围内，可以对商票进行质押开立银行承兑汇票。

对于核心企业授信做法较为广泛，对核心企业核定商业承兑汇票质押额度。在额度范围内，中小供应商通过凭借持有的核心企业商业承兑汇票，加上部分保证金换成银行承兑汇票。对于中小供应商来说，盘活了手中票据，增加了手中资产的流通性。对于银行来说，中小供应商通过提供商业承兑汇票质押加上保证金，实质敞口减少，同时，商业承兑汇票托收回来的款项，增加了结算低成本存款。

（三）短应收账款置换长承兑汇票

对于批发贸易型企业来说，企业往往面临着下游企业拖款的现象，以图 10-4 举例，客户可与银行签订应收账款质押 / 转让协议，将其对下游的应收账款进行转让 / 质押，同时，为了符合自身交易习惯和满足对外结算需求，企业可以选择在银行缴纳保证金，开立银行承兑汇票，用于向上游支付采购款项。下游资金到期回笼后，用于填补向上游开出的银行承兑汇票敞口。

这一方面对于部分缺乏抵（质）押物的中小企业，创新了资金融通方式；另一方面对于银行来说，客户的应收账款回笼是较为优质、稳定的结算存款，这种业务有利于嵌入企业采购和销售两端，获取结算存款，也能更好地把握、预判企业实质风险。

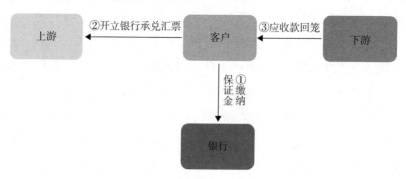

图 10-4　短应收账款置换长承兑汇票

[商票营销案例]

一、基本情况

A 公司注册资本 2 亿元，为当地的龙头企业，总资产高达 230 亿元，年销售收入超过 80 亿元，为本地的龙头企业，在各家银行闲置贷款授信额度极大，根本使用不完。

A 公司是由省政府出资设立的国有独资公司，是地方集资办电的专业投资机构，经省政府授权负责省内电力及其他能源建设资金的筹集和投资管理，代表省政府负责对电力等能源项目进行投资经营管理，对建设项目进行资本运营。A公司主要涉足电力、煤炭、采掘、煤化工、煤层气、新能源、物流及天然气管输、金融证券、房地产开发、酒店餐饮、高科技等产业的大型企业集团。

二、银行切入点

B银行为A公司的后来合作银行，也提供给A公司1亿元的贷款额度，但是，A公司其他银行的授信额度都用不完，所以B银行的授信根本就不启用。于是B银行分析：A公司有超过30多家供应商，全部为煤炭供应商、电力设备供应商、电缆供应商、发电绝缘件供应商等，这些中小供应商普遍资金紧张，账期多在2个月左右，于是就给A公司设计提供供应链融资。

B银行劝说A公司将账期从2个月延长至5个月，但是必须签发商业承兑汇票给供应商。B银行多次细心劝说供应商，让他们答应更改这种融资方式的方案。经过银行的仔细分析，供应商都答应接受商业承兑汇票付款的方案。

三、银企合作情况

1. A公司挑选出10家供应商，每家应付货款金额在1000万元。A公司1亿元贷款额度全部串用为商业承兑汇票贴现额度。

2. A公司签发1亿元商业承兑汇票，A公司与供应商及银行签订《商业承兑汇票代理贴现三方协议》，银行承诺按照提供给A公司的优惠商业承兑汇票贴现利率提供给供应商，A公司可以收取0.1％的手续费。

3. A公司签发1亿元的商业承兑汇票给供应商，并代理供应商完成贴现，银行提供商业承兑汇票贴现融资。

4. 银行将贴现后款项直接划付给10家供应商。

四、案例启示

1. 银行以能源公司为核心客户，成功营销了它的上游企业，增加了银行的客户群体。

2. 银行切入进去的原因是能源公司的授信额度大量闲置，由其上游客户使用，可以延长其应收账款期限。

3. 能源公司同意银行建议：一是利用应收账款的期限，把上游企业的付款问题解决了；二是商业承兑汇票对能源公司来说没有成本。

4. 针对银行来说使用了能源公司的授信额度，营销了能源公司的上游企业，商业承兑汇票贴现利率高于银行承兑汇票，可以赚取更多的收入。

第十一章　在线供应链金融业务发展方向透析

▶ **章节概要**

供应链金融演化至今，经历了 1.0（线下模式）、2.0（线上模式），目前正由 3.0（平台模式）向 4.0（智慧化模式）演变。供应链金融营销方式、授信主体、风险防控方式都正发生翻天覆地的变化，区块链、大数据等方式正深深重塑着整个行业的形态，有鉴于此，本章重点探讨供应链金融未来的发展方向。

线上化保理、区块链化保理不断推陈出新。在线交易突破时空限制扩大了交易范围和交易规模，实现了交易信息的透明化和交易过程可视化，可有效降低供应链金融业务风险和成本。技术进步将对供应链金融带来革命性的变化。

一、供应链金融的演进

业界将供应链金融发展模式总结概括为线下模式 2.0、线上模式 2.0、平台模式 3.0、智慧化模式 4.0 四种模式，将供应链金融十余年的发展浓缩为四个阶段。

（一）供应链金融 1.0（线下模式）

以人工授信审批为主的"1+N"模式，在获得核心企业承诺支持与参与的情况下，核心企业"1"为债项提供信用背书，使与核心企业交易的中小微企业"N"获得信用增级，从而获得银行融资。

这种线下模式虽然改变了以往中小企业授信难的问题，突破了一定的思维定式，但是单户小企业依然依赖于核心企业的授信支持，需要授信审批人员对行业和企业的信用判断，一项一审，难以达到规模效应。

（二）供应链金融 2.0 模式（线上模式）

在这一阶段，主要特征是实现业务流程在线上化操作，核心和实质是银行与核心企业深度绑定，通过与核心企业 ERP 系统联通，获取在线电子化交易信息。

产业链上下游对核心企业的依赖可以演变为对银行授信的深度绑定。在这一阶段，银行逐步过渡到一家经营机构服务全国产业链客户以及批量获客的阶段，服务长尾客户。

部分金融机构引入电子签章，实现在线签约、在线申请、在线融资、在线查询、在线对账的全流程在线化。

（三）供应链金融 3.0 模式（平台模式）

随着在线化供应链金融业务的发展，银行逐渐演化到去中心化的阶段，通过与平台客户深度融合，如菜鸟物流、满帮集团、粮食交易中心、糖网等集合了大量交易信息的第三方平台合作，整合了商流、物流、资金流，"三流合一"。银行在平台模式下可获得与交易相关的丰富信息。

第三方平台模式进一步通过技术赋能，打破了银行服务的人工疆界，拓展了服务空间，更重要的是，这一阶段是对传统授信中"抵押、担保"的固化思维的突破。

（四）供应链金融 4.0 阶段（智慧化模式）

智慧化供应链阶段构建了产业链生态圈，真正实现了"产业＋金融"。在这一阶段，银行整合了政府、行业协会、产业资本等信息渠道、获客源头，整合了仓储、物流、监管等第三方货权信息，甚至可以引入具备不同风险偏好的保理、租赁等金融机构。

在这个阶段，通过拥抱新技术，基于云计算和大数据创建金融生态圈，使金融能真正服务于整个供应链的各类主体并推动商业生态的发展，实现"融资＋融智＋融器"。

二、线上化供应链金融

线上化供应链金融业务多采用线上供应链金融技术，通过多方在线交互、协同，实现供应链金融业务自客户授信审批通过后转让应收账款、办理业务出账至业务结清的全流程线上化作业和管理，能够有效涵盖客户批量推荐、业务在线审查审批、发票在线验真、合同线上签署、债权转让线上确认、监测预警等功能。一方面，探索实现了客户端、银行端业务的在线办理，有利于围绕核心企业的供应链提供便捷化融资；另一方面，较为规范的标准化、线上化操作，如应收账款在线通知及确认、回款预警等功能，较好地防范了线下保理业务的合同风险、欺诈风险，提高了保理业务的风控水平。

目前，随着金融服务信息化要求的提高，深挖电子和网络渠道，以技术推动银行保理、商业保理的转型升级的能力仍有所欠缺。虽然商业保理、银行保理的参与方进行了积极的在线化、区块链化探索，但是在利用科技手段防范风险、提高效率、提升质量、扩大收益的总体布局方面仍须不断完善。

目前越来越多的新业态、新形势，很多供应链平台成为了导入核心企业及上游一级乃至多级供应商的有效门户。银行可以通过与供应链平台深度合作，有效切入核心企业产业链。

核心企业在供应链平台上基于自身放弃抗辩权开出不可撤销的电子债权，该电子债权流转给一级供应商。一级供应商在接收到该电子债权后，可以选择将该电子债权进行拆分、流转转让、融资或者到期收款几个不同的操作。

如果选择拆分流转，可以根据自身与二级供应商的基础交易合同，自由将该电子债权拆分成任意金额进行流转到二级供应商，因为该业务相对于票据等结算工具较为灵活，拆分转让等步骤较为容易办到，因此能很好地满足产业链上多级供应商的需要。

在银行营销工作中，很多时候核心厂商或是强势的一级供应商往往没有融资需要或是对融资价格极为挑剔，通过这种方式，可以有效获取产业链上有效客户和超额收益。

（一）在线供应链金融嵌入核心企业付款履约能力，实现信用增级

在传统保理业务中，银行起着主导作用，而随着供应链金融的迅猛发展，产业链中核心企业为其上下游提供融资便利的意识逐渐增强，建筑、医药、电商、家电等行业巨头纷纷开发自己的供应链金融平台，通过与各银行金融机构进行系统对接，为在其平台上注册的上下游提供融资服务。此种模式通过打通产业链的上下游，实现产业链协同发展，真正实现金融资金由虚向实、支持实体经济发展的作用。

目前，市场上供应链金融发展的主要模式为通过银行网银、银行对接核心企业财务系统、银行对接第三方平台三种在线申请融资方式。运用金融科技手段线上获取买卖双方交易数据信息，由此作为判断贸易背景真实性的主要依据。无论通过哪种方式，供应商均可在线提交融资申请，买方在线进行应收账款转让确权，银行在线进行审批放款，为供应商提供全流程电子化金融服务，简化了传统模式线下融资的烦琐流程，提高了业务效率，降低了企业融资成本。

保理业务根据是否对融资企业具有追索权可分为有追保理与无追保理。在传统银行授信模式下，无论是有追保理还是无追保理均需要占用供应商在银行的授信额度。而随着在线供应链金融的发展，通过利用买方在线确权的真实性信息，银行将供应链金融的风险锁定在核心企业的付款能力上，利用核心企业的信用增级为供应商融资进行增信，从而有效解决了供应商在银行授信审批时信用评级较低的问题。银行利用此特点进而探讨出在无追保理业务中采用单一占用核心企业买方额度的授信模式，一方面

能满足供应商融资及改善财务报表需求；另一方面银行仅需对核心企业进行授信即可，简化了对供应商授信审批流程。

在传统模式中，对于核心企业确认应收账款转让方式一般采用邮寄通知或者书面确认方式，此种方式存在效率低下及核心企业配合度不高的情况。然而，银行通过直接对接核心企业财务系统或者第三方平台的方式可以解决买方确权问题。

在对接第三方平台模式中，核心企业对供应商开立承诺到期付款的电子债权凭证。电子债权凭证具有可拆分、可流转、可融资及可持有到期的特点，凭借供应商持有的这种付款凭证，银行对企业进行提供融资。由于这种电子凭证在开立时便具有核心企业的承诺付款，因此供应商申请融资时将凭证债权转让给银行，银行成为应收账款债权人。此时，第三方平台通过在线实时电子通知方式向核心企业发送应收账款转让通知，由此代替传统模式中邮寄通知及书面确认的方式。

由于电子付款凭证的这种高效、便捷的融资优势，使三方平台与银行对接进行在线融资的模式迅猛发展。目前，各财务集团、行业巨头、保理公司凭借其自身发展供应链金融的天然优势纷纷成立供应链金融服务平台，为其所在行业的上下游企业提供融资服务，或者建设成为开放平台，吸引各行各业的企业在平台上进行注册并申请融资，不仅带动了产业链的垂直发展，更加拓展了在线供应链金融服务的深度与广度。

通过搭建涵盖企业财务信息分析、应收应付账款管理及支付、上下游供应商经销商管理、物流信息管理、集合银行融资受理、满足核心企业内部系统对接、账款拆分流转等多种功能在内的综合性金融服务平台，满足核心企业对供应链条全流程管理，实现对供应商、经销商准入管理。满足核心企业对交易信息，如应收应付账款、物流信息及交易全流程进行管理，这也有利于银行批量导入产业链上企业，形成产业链闭环，沉淀交易款项。

通过不断积累与核心企业对接经验，深入了解不同行业交易习惯和交易特征，银行可将逐步推出标准化行业解决方案，推出若干套标准化接口，设计针对不同行业一体化解决方案。

（二）在线供应链金融对接外部信息，金融机构实现实质风险防控

在供应链金融中，存在一个无法绕开的顽疾，就是如何引导核心企业对应收账款确权，便于银行更有利于把握贸易背景的真实性。在实务中，部分银行为了更有效探讨把握贸易背景真实性，探讨出了寻求一系列外部信息核实身份、更有效把控贸易背景真实性的方式。

在实务过程中，贸易背景真实性的把控核心要点是查询增值税发票真实性、了解货物物流信息、把控资金流。

目前，金融机构可逐步探讨通过对接税务机关，利用联网金宏系统，实时核查发票真伪，避免发票重复融资，关注部分异常点，如重点关注该张发票是否被多次查询、是否被不同融资机构查询、该张发票是否被注销等。甚或在深度了解企业交易习惯的基础上，比对企业往年同期开票量，了解企业业务发展趋势，了解企业是否开票量虚增；通过比对企业上下游开发票数据，了解企业产供销量上下游发票金额是否匹配、上下游交易是否匹配。

通过引入 CFCA 电子签章、对接国税局平台实现发票自动核验等科技手段提高融资业务办理效率，真正实现核心企业上下游企业在线提交融资申请、在线签署协议、在线授信审批、在线合同启用、在线融资申请、在线融资放款等一系列电子化金融服务，真正实现企业足不出户即可解决融资需求。

除税务信息外，银行可以直接寻求与中登网、海关、工商、商务、检验检疫数据进行对接，通过第三方数据，利用技术手段了解企业贸易背景的真实性。以进口企业举例来说，企业如进口海关数据出现异常，进口量大幅下滑，其在国内的销售量必然对应存在下降，企业在国内的销售情况必然不甚乐观，相应转让应收账款对应的发票也应相应下降。

（三）金融机构对交易行为数据化，引入数据质押概念应用

供应链金融快速发展的核心在于利用科技手段对买卖双方交易行为物流、资金流、信息流进行管理，并通过利用核心企业交易信息数据化，利用数据的真实性、不可篡改性，解决了传统模式中对贸易背景真实性审核

问题，更是实现了物流、资金流、信息流的统一。

数据质押是指银行通过网上银行、接入客户 ERP 系统等各种方式，获取企业真实的物流、资金流、信息流数据，通过监测客户各项数据研判潜在风险。数据质押也能使银行向企业提供更加便捷高效的综合金融服务方案。同时，类似于传统抵（质）押物，数据质押也具有唯一性和排他性：一是为唯一性授权能有效保障企业的数据安全，避免泄露信息；二是有利于确保银行获取信息的准确性。

在数据质押模式中，线下订单、采购、提货、资金回笼每一个环节都能生产独立数据，银行可以从供应链条上形成的交易数据为基础，通过对数据的分析和提炼，全方位地掌握、预判企业可能存在的潜在风险；同时，银行可以构筑线上数据质押预判第一还款来源风险与线下实际抵质押相结合的风险管理体系，从两个角度缓释潜在的风险，实现贷前、贷中、贷后管理的一体化，基于对客户交易信息识别、真实性调查、贸易背景把控，真正实现客户交易行为，客户潜在风险画像。

三、电子签名技术的广泛运用

基于《中华人民共和国电子签名法》的法律基础，交易合同广泛使用无纸化，电子签名的应用场景与日俱增，对于在线供应链金融、消费金融、在线支付等行业都有深刻的意义。

在线协议广泛采用电子签名（electronic signature），其泛指所有以电子形式存在的依附在电子文件并与其逻辑相关，可用以辨识电子文件签署身份、保证文件的完整性，并表示签署者同意电子文件所陈述事项的内容，包括数字签名技术和逐渐普及的用于身份验证的生物识别技术，如指纹、虹膜、DNA 技术等。

作为电子签名的一种，数字签名指的是法律意义上的电子签名在技术领域的具体应用，是指以非对称加密方法产生的电子签名。基于公钥密码技术，数字签名实质是通过预先设定程序和对传输文件进行加密，加密信息同传输文件一并发送给交易方。交易方可验证该信息确实由前者传送、查验文件在传送过程是否遭他人篡改，并防止对方抵押。

（一）数字签名的法律实践

有关电子签名的数据电文、电子合同有效性问题，涉及较为复杂的技术知识，且属于新兴事务。目前，司法界相关的审判经验不多，司法审判时存在对电子签名制作数据、电子签名、数字签名、用户密码等概念的认知偏差，这有可能导致司法实践中个案出现偏差。

目前司法实践中，审判机关重点审查：（1）被告信息系统所采用的数据电文或电子签名的生成方式、传输方式及接收方的接收方式、验签方式是否符合要求；（2）（1）中的方式是否满足《中华人民共和国电子签名法》规定的数据电文的真实性条件。根据电子签名和电子合同有效成立的法律要件，法院只有在完全审查并确认举证义务方所证明的数据电文、电子签名在产生、传输和接收过程中均是可靠的情况下才能达到没有偏差的审理结果。

（二）电子签名的应用前景

随着全流程数字化办公需求的不断加深，行业认知度不断提高，行业处于快速发展期，长尾用户能够从电子签名的降本增效中获益，电子签名也将惠及越来越多的中小微客户，金融机构应广泛探讨电子签名功能的优化完善。

1. 进一步完善电子签名存储调用机制

现阶段金融科技平台使用电子签名主要是为了达到三个目的：（1）用户信息不可篡改，金融机构或平台为客户申请私钥；（2）签约时间不可篡改，电子签名中加入时间戳证书；（3）合同内容不可篡改，电子协议通过哈希串存证固化。因此，金融机构应重点考虑电子签名的存证取证防范篡改，考虑更加便捷的存储调用机制。

2. 探讨公司业务移动办公需求

传统公司业务中，随着企业客户移动化办公需求的逐步增强，特别是在金融科技赋能下，服务范围逐步扩大到中小微等长尾客户，公司业务亟须探讨满足企业移动办公需求；还可探讨通过授权法人或指定人员履行在线签名，通过指纹、声纹、虹膜等有较高保密性和身份确认功能的生物特征电子签名等，基于此类的 B2B 场景也将触达更多中小企业。

四、数据模型助力在线审批

在线供应链金融利用互联网技术对于数据的收集分析处理能力，依靠数据的处理分析去建立完善中小企业的信用评价，从而弱化核心企业在供应链金融模式中的作用，并且依靠互联网，核心企业可以将交易数据实时上传，平台可以对数据实时分析，从而去预测把控中小企业的一个运营情况。供应链金融服务实体经济、中小企业模式和维度依靠金融科技得到了很好的完善和延伸。

五、区块链 + 供应链新技术

区块链（Blockchain）的概念首次由中本聪（Satoshi Nakamoto）在 2008 年末发表在比特币论坛中的论文《比特币：一种点对点的电子现金系统》提出。论文指出，区块链技术是构建比特币数据结构与交易信息加密传输的基础技术，该技术实现了比特币的挖矿与交易。

技术进步带来的革新很有可能颠覆供应链金融模式。区块链是指通过去中心化和去信任的方式集体维护一个可靠数据库的技术方案。区块链是一串使用密码学方法相关联产生的数据块，每一个数据块中包含了交易信息，用于验证其信息的有效性（防伪）和生产下一个区块。

区块链是一种分布式多节点共识实现技术，通过区块链可以完整、不可篡改地记录价值转移（交易）的全过程。区块链的形成按照时间先后顺序进行连接，每一个参与共识形成的节点都有一份区块链信息的完整副本。

区块链技术与实体产业的融合已经有许多鲜活的例子。例如，食品溯源服务已经应用电离交易与特色农产品的生产流通链；众安保险的"步步鸡"项目，利用跟踪设备、面部识别技术和区块链账簿来追踪数百家农场的"走地鸡"从鸡苗到售卖的全过程。

区块链技术作为分布式数据存储、点对点传输、智能合约、加密算法等计算机技术的新型应用模式，区块链具有不可篡改、不可伪造的技术优势，在供应链金融中天然具有广发的用途。

传统供应链金融极大依赖于核心企业对应收账款的确权。然而，区块链技术的广泛推广，在核心企业无法信用增级，或者不确权的情况下，逐步摸索出了另一条实施路径。通过纳入交易链条上各参与方，包括第三方监管物流公司、外部监管机构、工商、税务、征信，实现了对企业相关数据的全部复盘，能够在保证交易真实性的基础上，涵盖企业各种交易行为，有效减少了对单一核心企业确权行为的路径依赖。

供应链生态系统中的每个参与者都能查看货物在供应链中的进度，了解货运信息，如集装箱已运输到何处。同时，可以查看海关文件的状态或者查看提货单和其他数据。相关数据未经网络中其他方的同意，任一方都不能修改、删除，甚至附加任何记录。

保理区块链将贸易参与方一并纳入区块链，通过智能合约技术实现对合格应收账款的自动识别和受让，实现了交易的可跟踪、可追溯，较好地解决了保理业务发展中面临的报文传输烦琐、确权流程复杂等操作问题，有利于防范传统贸易融资中的欺诈风险，提升客户体验。

这种级别的透明度有助于减少欺诈和错误，缩短产品在运输和海运过程中所花的时间，改善库存管理，最终减少浪费并降低成本。

该解决方案可以通过一个与供应链生态系统参与方相连的数字基础架构或数据管道来实时交换原始供应链事件和文档。这可以将运输流程与合作伙伴进行整合，建立具有更高透明度且能进行可信访问的评估框架，从而推动实现可持续的运输。

第十二章 客户需求分析与金融服务方案制定

▶ **章节概要**

核心企业除了流贷、票据等传统金融产品需求外，往往会基于采购、销售、融资、理财和管理五大需求，衍生出多样的金融方案需求。商业银行客户经理习惯于与企业采购沟通设计金融服务方案，但其实部分核心企业采购销售对于金融产品的需求往往更加迫切。本章主要探讨企业的五大需求，以及金融服务方案的设计。

总体来说，客户的需求主要集中在这五个方面：采购、销售、融资、理财和管理，同时，基于这五个核心需求，可能会延伸出诸如套期保值、上市、IPO、美化报表等10多个需求，针对企业不同的需求，制定不同的营销策略，是打动客户的极为有效的方式。

一、扩大销售，加快资金回笼的需求

很多企业会拒绝银行给它放贷款，做融资，但很少有企业会拒绝银行帮它做销售，加快资金回笼。不要将银行与客户之间的关系简单与放贷拉存挂钩；相反，银行经常换位思考，从企业的金融需求出发，探讨企业相关新增需求，是有效理解企业行为，切入企业产业链的核心方式之一。

在企业各部门中，销售部门因为直接创造利润，很可能是极为强势、话语权非常重的部门。通过与企业销售部门沟通，有时会达到与财务部门沟通所起不到的效果。财务部门很多时候考虑的是简化工作量，降低财务成本，避免额外差错率，但是销售部门很多时候考虑的往往是加强对经销商的管理，加快销售资金回笼与扩大销售量。因此，银行的客户经理在面对财务部门吃了闭门羹之后，如果有机会，可以探讨从销售部门做一个切入。

客户通常在销售部门必须具备以下要求。

（一）加快销售资金的回笼

适合搭配的产品：应收账款融资的各类银行授信产品、对接如保兑仓等相关银行授信产品、提供如买方贴息等银行票据类授信产品。

（二）支持销售体系的建设

提供对经销商的金融支持，提供基于核心企业回购担保履约能力的保兑仓等银行授信产品。

（三）提高销售的质量

通过与银行开展授信合作，能极大加快核心企业资金回笼。

通过用保兑仓业务、银行承兑汇票业务、国内信用证业务进行切入，可以有效加快企业预收账款回笼时间，同时，增加企业销售利润并且有效增加企业净现金流和净利润，对企业销售部门是很大的诱惑力。

因此，基于贸易关系，通过企业具有强势话语权的销售部门是一个非常有效的选择。

比如，部分核心企业销售部门的习惯可以是接收银行承兑汇票或者商业承兑汇票，提前预收现金，银行可以根据企业开票结算习惯，关联营销企业的下游经销商，营销下游经销商在银行办理结算和开票。

二、延缓资金流出，加强供应商管理

企业在采购端常见的需求主要包括降低支付成本；延缓现金的流出；

必要时提前囤货；进行集中的采购（对于集团客户）；获取经济回报，逐步延长 AP 周期，提高资金沉淀；提高可调度资金规模，增加财务运作空间。

通常可以搭配的金融产品包括银行承兑汇票、商业承兑汇票、国内信用证、保理等。

 ［票据结算带来的存款业务相关案例］

一、客户概况

A 钢贸公司是 ×× 省特大型钢材批发企业，公司主要业务是向本地的二级钢铁经销企业批发钢材，年销售额超过 12 亿元，公司现金流较为充裕。该公司与钢厂结算一般都是根据钢厂销售政策来选择银行结算工具，在销售旺季，厂家提供折扣较少，该公司选择使用现款结算；在销售淡季，厂家提供折扣较多，该公司使用票据结算。

二、银行切入点

某银行了解到该公司最近将从 ×× 某钢铁集团购进钢材。在 12 月，钢厂提供优惠，现金结算提供 1 个点的折扣；银行承兑汇票提供 0.4 个点的折扣。在这种方式下，银行客户经理提议，使用足额保证金银行承兑汇票结算，并为客户算账如下：

以 1 亿元货款结算为例，采用足额保证金银行承兑汇票结算，A 钢贸公司的收益如下：

保证金存款利息：1 亿元 ×1.8%/2=90 万元；

获得的商业折扣：1 亿元 ×0.4% = 40 万元。

采用现金付款方式结算，A 钢贸公司的收益如下：

获得的商业折扣：1 亿元 ×1% = 100 万元。

三、营销效果

1 亿元保证金存款可带来 130 万元的收益，较现金付款多出 30 万元，为客户带来了财务增值。

A 钢贸公司接受了该行的服务方案，在销售淡季共计出票 3.6 亿元，银行也通过该业务成功切入该客户，带来了稳定的存款日均。

四、营销要点

全额银行承兑汇票通常存在于以下情况：商品存在季节性销售，在淡季厂商提供价格折扣促销，如空调进入秋季后，厂商提供打折优惠；某款车更新换代，厂商准备清理库存等。此时，厂商提供的现款结算与票据结算的折扣差别很小，可以大力营销全额保证金银行承兑汇票业务。

对于现款与票据折扣差距较大的情况，可在确保综合收益的前提下，辅以单位结构性存款、保本理财产品做保证金进行质押。

三、强化社会责任切入

一是部分核心企业重视社会责任，以企业愿景为导向，强调反哺社会，因此可以从企业社会责任这个角度进行切入。

二是引导核心企业支持银行工作，营销整个产业链。支持优秀供应商或销售商发展，降低供应链整体成本；提高供应链产品品质和市场竞争力；提高对供应商或销售商的管理能力。

三是强化领导力。桥接银行和中小企业，发挥桥梁作用；主动、有选择地提供信用支持，提高对小企业的影响力；融入银行业务风险管理体系，发挥信息的监督力量；组织、通知供应商或销售商，发挥领导作用。

四是促进和谐发展。关心整体，带头负责；催款矛盾或预收款矛盾不再突出；提升自身形象。

［企业金融服务方案案例］

甲企业为木家具、木地板等木制品的生产和销售企业，该企业已在A股上市，企业经营实力和销售规模良好，具有一定的市场影响力，产品约99%外销国际市场，具有一定的技术和产品优势。受金融危机影响，甲企业从2008年下半年开始生产经营受到负面影响，出口量明显下降，货款回笼较慢，并存在开工率不足的现象。该企业在银行的融资总额高达91507万元，银行的贷款全部为短期流动资金贷款，存在短贷长用及财务压力沉重的情况。但由于企业的销售及利润主要来源单一（美国市场为主），对企业的经营产生较大影响，并考虑到企业的关联关系较为复杂，实际控制人信誉较差，银行贷款经常出现逾期欠息现象，还款意愿较差。A银行对该企业不仅存在管理难度加大的问题，而且存在明显的经营风险，迫切需要调整其信贷额度及产品。

表1　甲企业财务报表（2013年至2016年9月）　　单位：万元

财务数据	2013年	2014年	2015年	2016年9月
一、资产总额	151471	182371	409571	403157
1. 流动资产	84584	108036	319136	215459
其中：应收账款	30346	37217	63720	69513
预付账款	2967	8539	7715	9710
存货	14670	16059	32552	58777
2. 固定资产	62813	69355	75004	167522
二、负债总额	70377	84336	165500	143486
1. 流动负债	69218	83177	164895	142852
其中：短期借款	36200	37700	78895	93070
应付票据	6000	0	8981	14911
应付账款	23717	11379	32292	28274
2. 长期负债	1159	1159	605	634
三、所有者权益	81752	97531	244070	259671
四、销售收入	78662	115728	200230	138419
五、利润总额	12000	19764	31930	22543
六、现金净流量	2813	9682	166062	−137193
其中：经营活动现金净流量	29000	−7555	23511	−5989

　　A银行决定对甲企业执行压缩融资的授信政策，并根据企业的经营特

点为企业制定了授信方案。其中，授信额度在原来的基础上压缩20%，并逐年压缩，争取尽快退出；同时，要求企业的全部融资有合法足额的有效担保，考虑到企业实际控制人的意志体现为企业意志，为防范其道德风险，所以要求企业法定代表人夫妇提供个人连带责任保证担保，争取法定代表人持有的甲集团81.48%的股权及可分配收益为企业在银行的贷款提供担保，提高企业的风险违约对价；要求加快调整企业的融资结构，尤其是非抵押项下流动资金贷款须争取增补抵押物或调整为贸易融资业务品种，鉴于企业的贸易链条完备，基本保持营运能力，发展贸易融资具有自偿性，因此要求经办行以办理国际贸易融资业务代替流动资金贷款；密切关注企业及其关联企业的生产经营状况和关联交易情况，防范信贷风险。

经过一年多的努力，该企业已还清A银行全部贷款。该案例成功的关键在于银行通过制定授信方案并与企业充分沟通，取得企业认同且得到有效执行。同时，在逐步优化贷款结构的过程中，尽量按企业的经营周期及真实资金需求盘活铺底的流动资金贷款，最终解决了风险贷款。

四、授信方案的撰写

在信贷设计方案的过程中，客户经理与客户、审查审批人员与客户经理应进行充分沟通，以设计一个同时满足银行和客户的需求的授信方案。

额度授信方案应至少包括以下要素：授信额度结构（包括授信总额度及分项额度安排）、期限、用途、串用（调剂）规则、担保措施、授信条件（签约条件、放款条件、持续条件）、还款方式、可否循环等，方案中对客户提供的产品品种须符合其信用方式、风险缓释措施便于操作且利于风险控制、产品期限契合客户资金回笼时间等，避免因此产生的授信风险，实现综合收益最大化。

拟订的贷款条件，必须是可落实的（尽可能减少审批后条件变更）。一是贷款条件按签约条件、放款条件和持续条件分别设置；二是对新营销的贷款客户一定要设定交叉销售（特别是简单的基本户、代发工资、信用卡等）方面的内容，对客户有关财务指标进行控制，有关销售收入必须进入银行指定账户用于还款等。

授信额度为银行内部掌握对客户的信用风险敞口控制量，均以人民币为计量单位，以折算后金额表示，且等于各折算后的分项额度之和。

分项额度（专项额度和非专项额度）为银行与客户的签约额度，以折算前金额表示，可按币种设定申请授信金额，也可按当时汇率折算为人民币。

担保作为第二性还款来源，能够增加对借款人的约束，强化借款人到期还款的意识，担保不能取代第一还款来源，也不能确保贷款的偿还，应根据借款人的信用风险，合理地确定相应的担保措施。

在考虑期限、利率波动性、还款等主要风险因素及相应的监督和管理成本的基础上，为授信业务定价。授信业务的利率或费率一般应与授信业务的风险成正比，风险越大，定价越高，以保证授信业务收益可覆盖授信业务的所有成本。

授信后监控要求：在实际放款前须采取的控制措施及放款后如何监控贷款的使用应根据贷款的性质及风险程度而定；根据授信分析中揭示的风险，应把主要的风险点设置为监控的重点，并要求企业及时提供相应的信息。

第十三章　机构业务的供应链金融业务

▶ **章节概要**

广义的供应链金融除涵盖产业链上下游企业之外，机构客户也在供应链金融中扮演着重要的角色。围绕政府采购这一特定场景，根据机构业务资金流向，商业银行可以充分利用机构业务的关联性和辐射性，有针对性地营销机构业务资金链条上的中小供应商。

机构业务具有很强的关联性和辐射性，机构客户背后客群大、收益大、场景大，是批量获客、增加客户数量的有力渠道。为深入挖掘机构类客户背后潜力，落实强化非授信客户的精准主动营销，基于大数据技术开展机构业务延伸客户数据产品预研，分步骤、分类型对机构客户进行分析挖掘，开展精准营销。

一、财政业务支出路径

我国财政资金收支两条线管理（见图 13-1），采取国库集中收付的管理模式。预算内外资金并存，预算外资金主要是非税收入，实行专户管理，并逐步纳入预算。

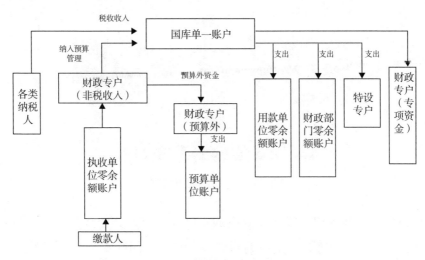

图 13-1　国库收支条线管理模式

财政支出主要包括中央财政支出和地方财政支出。

中央财政支出包括国防、武警经费，外交支出，中央级行政管理费，中央统管的基本建设投资，中央直属企业的技术改造和新产品试制费，地质勘探费，中央安排的农业支出，中央负担的国内外债务的还本付息支出，以及中央负担的公检法支出和文化、教育、卫生、科学等各项事业费支出。

地方财政支出包括地方行政管理费，公检法经费，民兵事业费，地方统筹安排的基本建设投资，地方企业的改造和新产品试制经费，地方安排的农业支出，城市维护和建设经费，地方文化、教育、卫生等各项事业费以及其他支出。

二、主要财政支出

如图 13-2 所示，财政资金除流向不同厅、局、委、办外，还将流向不同企事业单位。

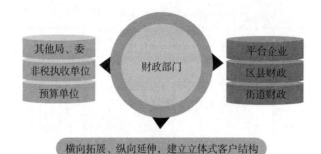

图 13-2　财政资金流向

一是工资性支出，指预算单位的工资性支出，其中涉及人员编制、工资标准、开支数额等，分别由编制部门、人事部门和财政部门核算。

二是政府采购支出，指预算单位除工资支出、零星支出之外购买服务、货物等支出。

三是基建支出，指政府部门关系民生的公共基建工程等项目支出（水利、交通、市政等）。

四是其他项目支出，其对象相对较为广泛，如国家高新技术项目、新兴产业、农业扶持项目、安居工程、保障性住房的财政补贴等。

财政资金管理制度改革最终目的是收入通过银行清算系统直接缴入国库单一账户，不设立过渡性账户。支出通过财政直接支付或财政授权预算单位支付，由代理银行将资金拨付到收款人或用款单位。

围绕财政支出，顺着资金链条营销相关用款单位，货物、服务提供商是链式资金营销客户的一种有效方式。

选取财政类客户财政资金支出进行专项分析，对中央财政、部分地方财政客户试点，通过资金支付路径、合作期限、交易性质、交易规律探查，挖掘出资金流入的行外潜在客户，并落地支付模式、资金规模、周期性规律、工商行业、注册地址等相关指标，辅助营销及判断潜客价值。经试点分析发现，财政资金下游客户中近 30% 与财政客户保持长期合作，涉及财政资金占比超 60%，有较大营销价值。另外，虽然部分银行掌握机构业务，延伸拓展了部分下游客户，但财政资金大比例流出到行外，可进一步挖掘客户潜力，提高留存率。

三、政府采购业务审核要点

财政部发布的《关于坚决制止地方以政府购买服务名义违法违规融资的通知》（财预〔2017〕87号）的主要目的是制止地方政府以政府购买服务的名义违法违规举债，明确了政府购买服务所需资金应当在年度预算和中期财政规划中据实足额安排。

严格按照规定范围实施政府购买服务，明确了政府服务内容应当严格限制在属于政府职责范围、适合采取市场化方式提供的基本公共服务项目。同时，还强调了政府购买服务应该纳入政府购买服务指导性目录里面的服务事项。真正的政府购买服务首先是一种基本的公共服务，而非工程和货物，因为政府购买主要分为购买工程、购买货物和服务。另外，强调政府购买服务应当纳入购买服务的指导性目录里面。

在年度预算和中期规划当中据实足额安排，政府购买服务应该是先有预算后有购买，首先已经在预算当中安排了这样一个支付事项，然后才能有相关的支付行为，这一点是需要注意的。

同时，列明了负面清单，包括原材料、燃料、设备等货物作为政府购买服务，同时基础设施建设、储备土地前期开发、农田水利等建设工程不得作为政府购买服务，严禁建设工程与服务打包作为政府购买服务项目，严禁将金融机构、融资租赁公司等非金融机构提供的融资行为纳入政府购买服务范围，这些是在上面确定的三个原则之后又重申了这样一个负面的清单。

政府购买服务和政府付费 PPP 项目有什么区别?

政府购买服务应该属于政府购买工程、政府购买货物、政府购买服务当中的一种;PPP 是一种特殊的基础设施领域的投融资形式。

PPP 有三种付费模式,其中政府付费对应的就是完全没有使用者付费的公益项目。很多人理解的是政府付费的 PPP 项目就是政府购买服务,这个理解是完全错误的,它们两个是并行的概念。PPP 是基础设施领域的投融资形式,政府付费只是 PPP 当中的一种付费形式,和政府购买服务是两回事,不能同等地对待。

这两年有非常多的人存在类似的解读,或者是认为 PPP 操作流程比较复杂,因为它是一种基础设施领域独有的投融资模式,它有自己相关的操作规范,操作流程比较复杂。另外,所有 PPP 项目的政府付费受到 10% 的公共预算支出的限制,所以投资人、金融机构和政府方都希望借道所谓的政府购买服务这种简单的方法来把很多基础设施建设,或者是融资服务全部列入政府购买服务当中。

这种行为会加剧地方政府的或有负债风险,一方面违反了先有预算后采购的原则,突破了现有的政府采购预算;另一方面又不受 10% 预算管理的限制,所以很容易产生比较大的地方负债的风险。很多基础设施的项目都用这种简单的政府购买服务的形式去做,事实上也架空了对 PPP 模式的设置,因为很多人不愿意玩PPP,不想受到 PPP 规则或者各方面的约束。

第十四章　供应链金融创新业务产品及案例

▶ 章节概要

本章主要探讨了融资性保函、再保理、融资租赁项下国内信用证业务、供应链金融资产证券化、跨境人民币资产转让、跨境人民币资金池等创新型供应链金融产品。

一、融资性保函

借款保函也称融资性保函，用于协助授信主体获取银行增信，获得资金融通，是指担保银行应申请人的请求，向提供贷款的受益人出具的本息偿还担保。保函金额就是借款的本金、利息和费用的总金额。有效期一般是贷款到期日再加 10~15 天。如贷款到期，借款人不归还贷款本息，则贷款的发放银行可向担保银行索赔贷款损失。

（一）内保外贷业务

内保外贷业务是为境外投资企业提供融资性对外担保业务的简称，是指境内银行为境内机构在境外注册的全资附属企业和参股企业（以下简称境外投资企业或借款人）提供的融资性对外担保，用于境外投资企业向境外分行或境外代理行申请融资业务提供担保，是一种融资性保函业务。

涉及的当事人及相互关系如下：

申请人——境内企业（也称反担保人）。

担保人——境内银行。

受益人——境外分行或境外代理行。

借款人——境内企业在境外注册的全资附属公司或参股企业（也称被担保人）。

对申请人及借款人的好处：有效解决境外投资企业融资难的问题，可以较快地在海外开展业务。境外企业在取得授信困难时，可以利用境内申请人（母公司）的授信额度，利用境外融资成本低的外币资金。

对担保人（境内银行）的好处：加强银企合作，避免客户流失，增加中间业务及中间业务收入，增加人民币保证金存款。

对受益人（境外分行或代理行）的好处：增加融资业务，增加中间业务（关联的开证、结算业务），增强境内外分行联动和代理行关系维护。

（二）内保外债业务

内保外债主要指根据《跨境担保外汇管理规定》（汇发〔2014〕29号）的规定，内保外债业务属于债务人、担保人在境内，对境外债权人的跨境担保；在内保外债业务项下，境内企业（即债务人）向银行申请开立借款保函，由境外银行提供外币资金，汇入境内企业用于日常生产经营所需。该业务的授信主体既是保函业务申请人又是境外融资的债务人（见图14-1）。《中国人民银行关于在全国范围内实施全口径跨境融资宏观审慎管理的通知》（银发〔2016〕132号）《国家外汇管理局关于进一步促进贸易投资便利化完善真实性审核的通知》（汇发〔2016〕7号）进一步明确政策支持。

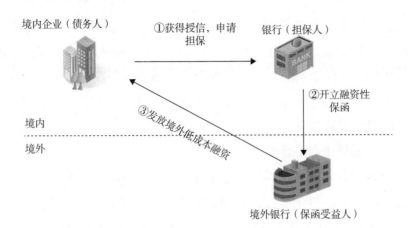

图14-1　内保外债业务流程

内保外债业务优势如下：

一是积极响应监管机构拓流入的政策，充分利用政策红利，为企业拓宽融资渠道，降低融资成本。

二是对企业，无须外管审批，只需事前备案。资金用途灵活，企业如有实际需求融入外汇资金，可结汇适用于自身的生产经营活动，也可用于置换境内高成本流动资金贷款等。成本低廉，低于境内融资成本。

三是对境内银行，通过内保外债业务可有效促进外债结汇，扩大资本项下结汇业务开展，控制和缓解结售汇逆差的压力；有利于促进保函业务开展，一方面可获得手续费收入，另一方面可带来保证金存款，提高贸金业务的综合收益水平。

四是对境外银行，可增加资产投放，促进与境内企业互联互通。

二、再保理业务

再保理本质上是债权的再转让，即企业将其因贸易产生的应收账款债权转让给第一保理商（保理公司或商业银行）后，第一保理商再将此转让后的权利义务转移给其他保理商的行为。银行再保理通常由银行为商业保理公司核定授信后，向商业保理公司提供融资的一种方式。

全国注册商业保理公司约 2000 家，服务中小企业数量约 3.15 万家，但是由于起步较晚，尽管业务量增长较快，但是与银行保理动辄亿级的业务规模相比，其体量仍非常小，根据统计，商业保理业务量不到银行保理业务量的 10%。在发展期间，商业保理与银行保理产生了不同的特点，构成了再保理产生的背景。

（一）再保理业务背景

一是我国商业保理公司外部融资渠道不畅。我国商业保理公司普遍存在轻资产的特点。根据统计，我国商业保理公司平均注册资本 8895 万元人民币，开展约 2000 亿元的保理融资规模，多数依靠外部资金支持。但银行作为我国主要的低成本资金融资渠道，以传统的企业财务指标为核心建立评级机制判断违约概率，以抵（质）押担保充足与否衡量风险缓释情况的风险模型下，很难针对商业保理公司展开大规模授信与融资。再保理的出现解决这一问题，再保理兼顾了授信主体与具体债项的审查，但再保理业务的受理条件、业务操作流程等方面仍然遵守保理业务的管理与办法，将实质风险转移到产生债权的企业一方。举例来说，A 商业保理公司由于资产负债率过高等因素，无法直接从银行获得贷款。而 A 商业保理公司拥有银行普遍认可的一定规模的优质保理资产，则可以通过再保理的形式，即 A 商业保理公司将优质保理资产转让银行保理商，从而获得融资。

二是我国的银行保理业务普遍存在"重融资职能，轻应收账款管理"的特点，而商业保理业务特点正好相反，再保理将两者的特点结合起来，是功能互补的内在需求，进一步促进我国保理业务的健康均衡发展。

（二）再保理业务流程

再保理业务涉及四个当事方，包括卖方、买方、保理商、再保理商。该业务项下，卖方将赊销（O/A）项下的国内货物、服务或工程项下产生的应收账款转让给保理商，再转移给再保理商，由再保理商提供无追索权融资、应收账款管理等服务，具体流程如图 14-2 所示。

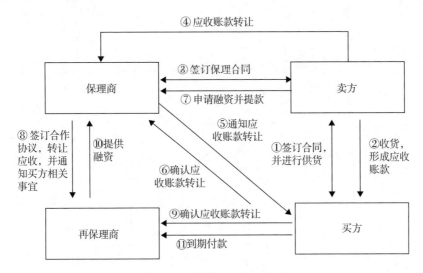

图 14-2 再保理业务流程

[再保理业务案例]

××商城目前是国内最大的自营平台电商，上游供应商已达9万家，以中小企业为主。××商城利用供应链核心企业地位，采取赊购的结算方式。这种赊购方式虽然降低了××商城的资金成本，但是直接影响了供应商资金周转及商品采购规模，进而间接影响××商城的采购与销售。而大部分中小供应商由于自身实力有限，很难获得银行信贷支持，整个供应链现金紧张的问题限制了××商城的发展。

为降低自身资金占压，扩大业务规模，××保理公司希望基于A银行与××商城银企合作的基础上，针对商业保理服务，为其提供再保理融资业务。即A银行受让××保理公司转让基于供应商与××商城产生的合格的应收账款，以供应商商业保理融资余额为基础，为××保理公司提供再保理融资服务。鉴于××保理公司开展合同的供应商数量众多，融资频率大，融资金额较小，账期普遍较短的特点，A银行计划为其设计池融资模式办理业务。

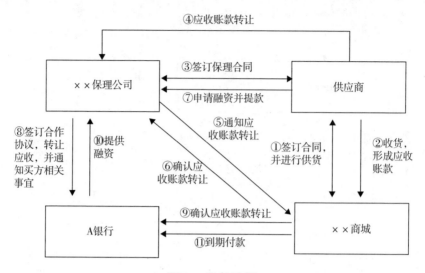

图 1 业务流程

业务流程如图 1 所示，在商业保理的基础上，A 银行进行如下工作：

1. A 银行与 ×× 保理公司签订再保理业务合作协议，根据其授信额度及预计业务量核定可融资额度，并在 A 银行融资系统中为 ×× 保理公司建立应收账款池，双方签订资金监管协议，开立监管账户，用于基础交易项下回款封闭管理。×× 保理公司将供应商已转让的应收账款向 A 银行进行再次转让，并向 ×× 商城寄送应收账款转让通知。×× 保理公司向 A 银行提供与供应商签订的商业保理合同、供应商与 ×× 商城签订的销售合同与增值税发票（仅提供部分用于证明双方的合作历史记录）、商业保理业务余额明细、提款申请书等融资申请资料。

2. ×× 商城向 A 银行书面出具应收账款转让确认书，确认 A 银行为基础交易项下的合法债权人，并保证将款项付至 BH 保理公司在 A 银行开立的指定账户。

3. A 银行根据 ×× 保理公司提交的应收账款信息、商业保理信息、融资账期等基础要素及融资申请，A 银行在可融资额度内向 ×× 保理公司发放融资，融资金额按商业保理余额 100% 发放。同时，根据融资余额与应收账款池中合适应收账款金额，判断 ×× 商城回款是否需要偿还

××保理公司融资。

4. 如果供应商因自身原因提前归还××保理公司的保理融资，或融资到期未能及时受偿，A银行向××保理公司反转让应收账款，并由××保理公司偿还A银行融资。

三、融资租赁项下国内信用证业务

新《国内信用证结算办法》（中国人民银行、中国银行业监督管理委员会公告〔2016〕第10号）中将国内信用证业务拓展到货物和服务贸易，为商业银行将国内信用证拓展到融资租赁市场提供了政策依据。同时，中国支付清算协会发布的《国内信用证问题解答》（2017年12月29日）明确：银行可为融资租赁售后回租业务项下的承租人开立国内信用证，用于向出租人支付包括本金和利息在内的租金；银行可为融资租赁售后回租业务项下的租赁公司办理国内信用证，用于向承租人支付租赁物价款。

该业务将国内信用证业务范围拓展到融资租赁项下，具有较好的优势：可解决租赁公司支付租赁物价款的资金压力；可解决承租人支付租金本息的资金压力；可通过国内信用证项下的议付、福费廷、买方融资等多种融资方式解决远期信用证项下即期融资的需求；可通过引入其他金融机构以福费廷形式出具资金，降低企业成本。

四、供应链金融资产证券化

近年来，随着保理业务规模在国内市场的不断扩大，保理资产证券化成为了盘活保理资产的一个重要方式和工具，为保理资产丰富了融资途径。

（一）保理资产证券化放量增长

自2016年以来，通过保理公司发行供应链金融ABS的大型企业逐年增加，近两年来我国保理ABS产品的发行量剧增。由于保理资产证券化通过保理公司受让企业应收账款成为原始权益人，可提高投资者对投资风险的识别和把握，有助于投资者采取对应的风险控制，提高产品的市场认可度，推动了保理资产证券化的快速增长。

CNABS 数据显示，截至 2018 年 9 月，保理融资的资产证券化产品的发行规模也已经超过 2017 年全年的发行量。保理资产证券化放量增长的主要原因来自房地产企业和电商企业供应链融资方式的创新。2018 年，资产证券化发行量为百亿元级的企业基本为十大地产商。根据公开数据显示，房地产行业 2016 年共发行 ABS 计 105 亿元，2017 年共发行 ABS 计 467 亿元，2018 年发行 1099 亿元，近两年来，全年发行量翻了十倍以上。由于中央对房地产市场政策态度坚定，各家银行对地产类企业融资的限制加大，但在资本市场投资人看来，十大地产商的应付资产仍被投资市场归为优质资产一类，其通过商业保理发行的供应链金融保理 ABS 发行量频频突破百亿元级大关。其中，以万科基础资产发行的保理 ABS 共 49 期，合计 580.16 亿元；以碧桂园基础资产发行的保理 ABS 共 42 期，合计 350.62 亿元。除此之外，互联网企业的资产也在逐步加入。CNABS 数据显示，保理融资的 ABS 发行量 2017 年达 63 亿元，2018 年总共发行 98 亿元。其中，京东金融保理 ABS 共发行 12 期，合计 118 亿元；唯品会保理 ABS 共发行 3 期，合计 12.75 亿元。随着保理 ABS 发行量的放量增长，2018 年发行笔数达到 218 笔，与 2016 年仅有 18 笔相比，保理融资 ABS 无论发行规模上还是数量上都有了巨大突破。

（二）保理资产证券化模式创新

随着保理行业发展及市场需求，保理资产证券化呈现模式灵活多样化，以及与金融科技相结合的创新做法。

1. 代理人模式

传统的保理 ABS 是以保理公司受让企业应收账款，作为新的应收账款债权人，作为原始权益人发行保理 ABS。目前，有一些行业领先的企业开始采用代理人模式开展保理 ABS 业务，即保理公司不再作为原始权益人，而是接受原始权益人的委托作为其代理人开展资产证券化的相关工作。

逸锟保理发行的"平安—逸锟供应链金融资产支持专项计划"便采用

了代理人模式，由应收账款债权人委托逸锟保理向计划管理人平安证券代为发起设立专项计划，该专项计划的基础资产为债权人的应收账款债权及其附属担保权益。截至 2018 年末，该项目共发行 5 期，34.98 亿元。

中建商业保理公司于 2019 年 1 月也成功发行了以中建二局为核心企业"中建保理—海通申证—中建二局第一期供应链金融资产支持专项计划"，由中建保理代理中建二局向计划管理人海通申请发起该专项计划，是目前首家国有企业代理人模式供应链 ABS。

2. 反向保理模式

反向保理模式是以供应链中核心企业的应付账款作为基础资产发行的 ABS，以核心企业的付款信用向上游供应商反向延伸的供应链金融资产证券化业务创新模式。于 2018 年 8 月 29 日在上海证券交易所成功发行的"中信证券—小米 1 号第一期供应链应付账款资产支持专项计划"是该模式的典型案例。该计划以小米通讯技术有限公司上游供应商的应付账款作为基础资产，小米商业保理公司受让上游供应商应付账款，小米通讯技术有限公司作为债务人出具付款确认书，提供现金流偿付支持，小米保理公司以此为基础资产作为原始权益人发行 ABS。这种模式以债权人为核心开展反向保理为基础的应收账款资产证券化，对保理而言是一种募集资金的新型方式，同时也为供应链中的上游供应商提供方便快捷的融资方式，增加了供应商对核心企业的黏性，通过供应链中反向保理的形式提供优质资产，是该 ABS 成功发行的优势之一。

3. 区块链技术在 ABS 的应用

华泰证券资管与京东金融、兴业银行于 2018 年 6 月组建了资产证券化联盟链，将区块链技术用于京东白条 ABS 发行。2018 年 11 月 8 日，"京东金融—华泰资管 2018 年第 6 期供应链保理合同债权资产支持专项计划"在上海证券交易所发行，发行规模 15 亿元，以保理债权作为底层基础资产，由京东金融全资子公司邦汇保理担任原始权益人和资产服务机构，通过智能合约实现了 ABS 项目智能化管理，是区块链技术在保理 ABS 资产方面的首次应用。通过区块链技术，实现了基础资产层面的数据保真、防篡改，并且利用智能合约，将交易结构条款转化为可编程化的数字协议，实现专项计划的智能化管理。利用智能合约，联盟链实现了加速清偿和违约事件的实时判断，如果有底层资产的动态表现触发了加速清偿或违约事件等条件，合约条款将被自动强制执行，并将加速清偿或违约事件实时通知各方，使处置工作能及时和透明地展开。另外，建立基于区块链技术的信任机制，智能合约可以辅助计划管理人实现每日循环购买、自动对账，简化投后管理工作，缩减管理成本，提高运行效率。

五、跨境人民币资产转让

《中国人民银行关于简化跨境人民币业务流程和完善有关政策的通知》（银发〔2013〕168号）规定，境内银行可开展跨境人民币贸易融资资产跨境转让业务。跨境资产转让业务对于盘活境内银行资产、引导资金流入、促进国际收支平衡，具有较强的实际价值和意义。

对境内企业，可以拓宽融资渠道，降低融资成本，且不会带来附加风险。

对境内银行，境内银行提前回收资金，能够优化资产结构、增加流动性，同时可以将收款风险转移至受让人，实现资产风险的直接切割，有助于进一步控制信贷风险，拓宽盈利增长点。

对境外银行，可以共享境内客户资源，发挥境内外资产规模优势，增强国内外市场竞争实力。

六、跨境人民币资金池

跨境人民币资金池业务是资本项目跨境人民币业务的重要政策之一，便于跨国企业集团内部归集资金和调剂余缺。

跨境人民币资金池是指跨国企业集团根据自身经营和管理需要，在境内外非金融成员企业之间开展的跨境人民币资金余缺调剂和归集业务，属于企业集团内部的经营性融资活动。资金池包括资金池境内主账户归集境内资金池成员资金对外放款，以及归集境外资金池成员资金对内借入外债。对外放款和借入外债都是公司之间的借款行为（见图 14-3）。

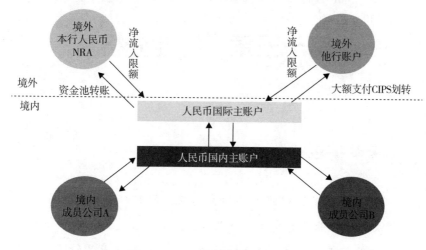

图 14-3　跨境人民币资金池

第十五章　行业分析

▶ **章节概要**

行业研究是指以产业为研究对象，研究产业内部各企业间相互作用关系、产业本身发展、产业间互动联系及空间区域中的分布等。产业研究主要集中于细分市场研究和产业内细分产品研究两个方面。对行业与市场更为深入的情报研究能够为决策提供更为全面和准确的依据，因此，进行充分且深入的行业研究十分重要。

本章以行业研究为切入点，分析了不同行业研究的方法，并以医药行业为例，针对不同环节，有不同的营销切入点。本章更进一步分析了房地产、建筑、影视、农业、新兴行业等不同行业的行业特征。

一、行业生命周期

行业周期为我们判断行业发展前景提供了有效的帮助，这也构成了各行业分析关键前提。行业生命周期理论把一个行业的发展分为四个阶段：导入期、成长期、成熟期和衰退期。导入期的行业成长潜力大，但风险高；成长期的行业已经形成稳定可行的商业模式，并且已经初具规模，具备竞争优势的公司开始形成明确的竞争壁垒；成熟期行业的产品和服务标准化程度极高，规模优势和成本控制成为核心竞争点，行业龙头的地位日益稳固；衰退期行业的产品和服务面临替代品的威胁，行业面临衰退的压力。

二、产业政策

在界定了行业的发展阶段之后，我们还需要把影响行业整体发展的环境分析清楚，其中最重要的当数产业政策。之所以要把产业政策放在行业生命周期分析之后，是因为理解产业政策的长短期作用，是要看行业所处的状态的。

政策包括国家/区域产业政策、财税政策、国际贸易政策等。政策可以是鼓励性的，如对风电和太阳能进行补贴；也可以是惩罚性的，如对环保排放实施严厉监管。

政策的好坏在事前都难以被完全准确地评估，但我们知道没有人能够预测未来，那么各种政策在结果上有好有坏也应是我们所理解的客观规律。即便结果不可知，对行业研究者而言，基于对行业发展规律的理解，来严谨地分析行业政策对行业发展的长短期影响。

产业政策对行业发展的影响从来都是充满争议的话题，从世界贸易组织的产业保护政策的争论，到家电下乡对行业健康发展的分歧，莫不如此。

三、供需分析：确定行业的周期性

当我们对行业的发展阶段和影响行业整体运行的外部环境有了一个清楚的认识之后，我们要开始把目光转向行业的内部结构了，行业分析如果能做到向上可以"指点江山"，向下可以"庖丁解牛"，便达到了一个理想的状态。现在，是我们要去"解牛"的开始。

经济学入门课是总量分析的基本框架——供求曲线。供过于求，就是买方市场；供不应求，就是卖方市场。但是总量分析不能告诉我们应该如何分析一个具体的行业供求关系。在经济学原理中，我们不仅知道有供求曲线，还应该记得有供给弹性，需求弹性等概念，更应该理解，供求曲线的结构比供求曲线本身值得更多笔墨。

供需分析的共同原则确定之后，我们把具体的行业属性加入进来，就构成了行业研究的多元性。例如，影响航空业产能的不仅有飞机的采购周期，还有更深层次的机场规划建设周期；又如，新建一条高世代面板线需要 2~3 年时间，但关停一条面板线却可能比新建一条面板线更难（现金成本线）等。我们需要理解商品的消费属性，例如，家电行业促销会推动消费者集中消费，奢侈品打折更能够在短期中诱发消费者的购买欲望，但必需消费品的情况则大相径庭，食盐打折促销也能够带动一些消费，但是跟前面两个案例比就是小巫见大巫了。我们也需要了解库存的细节，消费品行业的渠道填塞行为可以在短期中粉饰业绩，但是对长期发展却有害（但又并非总是如此）；而电子行业的渠道库存则像是一颗定时炸弹，一旦电子产品库存超过两个月，减值压力就会直线上升。这些细节，都是我们完成供需分析的重要组成部分。

四、行业分析的框架

对行业分析，取决于行业整体情况，对客户的情况分析也不仅仅是客户的财务信息，还包括内外部信息、宏观环境、行业环境、战略群体、细分市场等。通过仔细分析企业在不同环节的价值创造，可以找到不同的切入机会。

价值链在经济活动中无处不在，上下游关联的企业与企业之间存在行业价值链，企业内部各业务单元的联系构成了企业的价值链，企业内部各业务单元之间也存在着价值链联结。

行业价值链分析可使企业明了自身在行业价值链中的位置，明确企业发展的方向，或寻求以整合（前向或后向）方式降低成本的途径。利用行业价值链来减弱或消除不增值作业。探索利用行业价值链降低成本，增加企业的差异化经营，取得竞争优势的途径。

在产业竞争中，重要的是控制价值链上的关键环节从而取得超额利润，否则只能进行低层次的价格战或为他人作嫁衣。

价值链也可以用来分析跨国企业在全球的战略分工结构。当前跨国公司在竞争中能够长期保持优势，说到底是企业在价值链某些特定的战略环节上占有优势（这一环节或许可以形象地称为"可口可乐的糖浆"），而将非战略环节分散到全球最适当的国家。跨国公司对发展中国家的产业控制已由控制制造业转向控制产业价值链的战略环节。

价值链分析方法详见图 15-1。

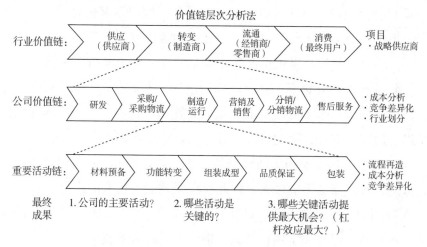

图 15-1　价值链分析方法

五、行业营销客户

部分年轻客户经理在进入金融行业不久之后，为了有效拓展客户，同时分散风险，通过亲戚朋友的关系，四处出击，在不同行业营销不同类型的客户。看似授信客户分散在不同行业缓释了风险，但从另一方面来说，没有真正去深入了解一个行业，积累行业深厚的人脉，往往东一榔头西一棒槌。特别是在经济下行期间，很多前期预警信号没有能及时捕捉，遗失了最佳风险处置时机。笔者曾经做过一次调查，在部分支行行长、副行长当中很多中层领导往往深耕两到三个行业，真正做深做透行业客户，不仅在行业内积攒了深厚的人脉，更重要的对行业政策了如指掌，行业机会清晰明白。

以医药行业来说，医药行业具有良好的抗周期性，同时，各省基本有完善、发达的医疗体系，具有一定的普适性，以此举例，可以发现针对行业不同环节开展针对性营销。

通常将医药行业分为五个环节：原材料供应商、药厂、医药批发配送企业、医院、药店。

原材料供应商通常来说以中小企业居多，授信需求相对单一，主要授信产品集中在流动资金贷款、银行承兑汇票等传统授信产品，或是个人资金贷款，助业贷款等小微授信产品，或是结算、开户等结算需求。

药厂往往在产业链条中占有较强话语权，上下游议价能力较强。基于此，往往药厂可要求下游经销商以预付账款的形式提货，药厂本身承担退款承诺、回购等责任，因此可以通过保兑仓等形式切入。

医药批发配送企业因为两票制、带量采购等政策，规模日渐集中，下游是医院，应收账款金额较大，因此存在保理业务切入的机会。

医院因为医疗体制分级，往往自身有扩建住院床位等需求，且因医疗设施单价高昂，存在固定项目贷款、融资租赁切入的机会。

医药行业营销全程详见图 15-2。

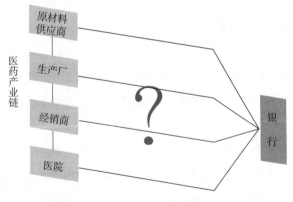

图 15-2　医药行业营销全程

[汽车行业金融案例]

一、基本情况

C公司是一家以客车制造业为主营业务的上市公司，日产整车达120台，该公司所属集团是一家以客车制造业为主导，围绕主业兼顾发展贸易、服务、零配件加工业的大型企业集团。

集团销售收入112亿元，利润总额14.2亿元。集团客车累计产量32142辆，销量31066辆，产量较去年同期增长53.58%，销量较去年同期增长52.2%，呈现出强劲的增长态势。

C公司对上游供应商的付款方式多为3+6式（发货后3个月付款，付款方式为6个月银承），C公司采购谈判地位相对较高。但随着C公司客车产量的迅速上升，其采购压力也在逐渐加大。

C公司下游用户主要是公交公司、汽车运输公司、旅游公司等企业，其中约50%的销售为全额付款，约26%的客户需银行提供超过一年期的按揭贷款，另有约24%的客户为大型优质客户，C公司对其进行分期收款，形成一年期以内的应收账款。

二、难点分析

1. 由于企业通常都更关注销售和市场，同时由于C公司处于强势地位，对于开展上游供应商业务的合作意识不强，增加了上游供应商业务营销的困难。同时，上游供应商也多为一些中小企业，担保资源普遍不足。

2. C公司下游企业汽车运输公司、公交公司、旅游公司等是银行以往授信较少涉及的行业，单独授信的风险分析及把控难度较大，同时普遍难以提供其他更强的担保。

3. 对于C公司下游优质客户，票据最长期限为6个月，不能满足一年的融资需求，同时其也不愿承担流贷的利息。C公司一年期以下应收账款问题一直未能解决。

三、风险控制手段

1. 严格的客户准入：银行与 C 公司同时进行筛选和准入，确保最大限度地挖掘优质客户资源。

2. 上游供应商的融资需 C 公司同意以包括但不限于确认订单、同意应收账款转让、同意回款账户唯一等方式配合银行具体业务的开展。对于部分客户，银行还将要求担保公司担保。

3. 引入第三方担保、客户抵押、保险等风险缓释措施。下游采购商业务采取要求担保公司担保、客车抵押、办理保险等风险缓释手段，同时与 C 公司、担保公司签订三方合作协议，约定下游采购商借款逾期时，由 C 公司承担债权回购担保，负责兜底还款责任。并且，以上风险缓释措施不因其中一方履行责任而免除。

4. 要求分期归还融资款项。无论是法人按揭贷款还是票据分期业务，银行均要求借款人按月（或季）归还融资款项，使银行授信敞口随着企业的经营呈现不断下降趋势，不仅符合借款人所处行业有稳定现金流的经营状况，还增强了该业务的负债带动效应。同时，要求客户每月（或季度）均还本付息，其实是对其经营现金流做了监控，将贷后管理做在了平时。

四、案例评析

1. 该案例中国内买方信贷业务模式属于预付账款融资的一种，是解决装备制造业和商用车核心厂商销售的一项重要融资方法，正在和已经被一些银行和核心企业所接受。此业务实质是运用了对核心企业的信用捆绑技术，同时也通过合作的方式引入了担保公司、保险公司等风险承担者，以此转移了下游中小企业较高的信用风险。

2. 该案例体现了供应链融资与传统流动资金最主要的信贷理念差异：贸易背景的特定化和系统性统筹授信。这与银监部门"两个办法、三个指引"的要求完全相符。该案例贷款的现金流给予了控制，保证了贸易背景的特定化；系统性统筹授信指整个供应链风险评估基础上的对不同节点主要参与者在内的客户组团的授信，此案例即对供应链的上游、下游均有授信，同时还要对核心企业的间接授信（或叫专项授信）。

3. 该业务模式可以实现银行对客户集群的网络化绑定，即经济学上的路径依赖。银行金融服务获得了从双边谈判向多边谈判的机会，降低了客户单位开发成本和维护成本，在有效控制风险的前提下获得更好的融资价格，获得了与核心企业深化合作的环境，中小银行获得了与大型银行平等竞争的机会。

4. 银行在供应链管理中应起到两方面作用：一是最优的融资方案，实现财务供应链成本最小化；二是考虑更多的产品介入，尤其是中间业务类型，以电子化和线上化为载体的服务。该案例通过最新电子票据产品的运用，解决了优质下游客户一年期融资的问题，具有一定的创新性。

5. 银行在产品设计时还要充分考虑目标客户的差异性，尤其是企业在进行会计处理时的利益诉求是什么。

因此，银行在提供了供应链融资之后，还要及时跟上供应链发展的变化，不断推出改善客户体验的新产品、新业务，借助资金、商业网络、科技工具、专业能力等方面的优势来实现自身商业价值。

六、房地产行业

（一）房地产开发成本

房地产开发商通过土地招拍挂获得拟开发土地，根据自身开发需求以及土地出让性质，对项目进行二级开发建设；待项目获得预售许可后，进行物业的出售，或在项目竣工验收后进行自持经营以获取租金收入。

房地产开发成本构成包括土地获取费用、前期工程费用、建安工程费用、施工监理费用、基础设施及公共配套费用、不可预见费、相关税费，其中土地费用和建安工程费用在总投入中占比最大。

房地产开发资金来源主要有项目资本金、股东借款投入资金、外部融资、施工单位垫资、预租售回款、前期销售滚动开发投入等。根据项目性质，项目资本金要求 20%~50%，外资房地产开发商要求资本金 50%。外部融资主要有土地款融资和开发贷融资两块，不足部分需要项目公司向股东借款投入、预租售回款部分投入。

（二）授信政策

总体上看，要继续坚持目前的管理手段和要求，继续实行名单制管理，特别是对规模中等偏下，资产负债率较高的房地产客户要趋于谨慎，严格准入。

在项目具体选择时，对于拿地成本较高的项目，未来销售价格较高的房地产开发贷款，要严格准入，严格控制去化周期超过 24 个月的区域的房地产开发项目。

风险缓释措施方面，要强化以项目土地及在建工程提供抵押和全封闭管理，对于项目子公司原则上还应要求项目公司的控股股东提供连带责任保证。

加大产品创新的力度，如针对大型房地产企业的 ABS、1+N 保理、RIETS 等，探索服务租赁住房和共有产权住房的金融服务品种。

（三）常用的融资方式

1. 项目开发贷款

项目开发贷款为银行传统优势业务，在业务开展过程中，银行始终坚持以下基本要求：客户定位方面，重点支持综合实力较强的国有背景房企及大型上市房企，审慎支持对银行的综合贡献度较高的民营房企；项目选择方面，重点支持刚需支撑较强、去化较快的普通住宅项目；审慎支持位于核心区位、配套完善的商业项目；风险控制方面，坚持项目抵押的风险管控底线，并通过受托支付、预售资金监管、跟进项目销售进度等方式实现资金封闭管理。

2. 销售回款证券化

销售回款产品包括一手房按揭配套及针对按揭放款时滞而涉及的应收按揭贷款融资产品。一手房按揭贷款方面，积极推动开发贷支持项目配套按揭贷款业务的开展，优先保障配套按揭的发放。应收按揭融资业务方面，在购房者与开发商签订购房合同并支付首付款、与银行签订按揭贷款合同后，开发商实际取得销售回款条件，但是从商品房预售到按揭贷款达到发放条件存在较长时间差（住房按揭约为半年，商用房按揭为1~2年）。针对购房客户签约到按揭放款之间的时滞，银行可以房企应收按揭回款额为担保向房企提供融资支持（见图15-3）。

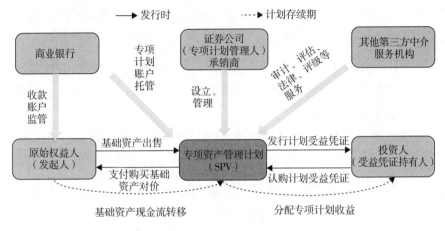

图 15-3　资产证券化流程

3. 经营性物业贷款

银行向符合条件的法人发放的，以该法人所拥有产权的经营性物业作为抵押物，还款来源包括但不限于经营性物业的自营、出租等经营性收入的贷款。经营性物业贷款定价水平高、贷款期限长，能够为银行带来长期稳定的高收益。

4. 物业公司融资

银行基于物业公司的未来物业收入现金流预测确定授信额度，向物业公司发放流动性贷款；物业公司以未来物业收入作为还款来源保障，房企集团为融资提供担保。同时，银行可与物业公司签订排他性的社区金融合作协议，打开大中型优质社区营销通道。通过物业融资支持，可加深与房企的业务合作关系，促进银行的社区金融的发展，并对住房公共维修基金等业务的开展奠定良好基础。

（四）审查注意点

1. 房地产开发贷款

对房地产开发企业发放的用于住房、商业用房等开发建设的项目贷款，包括住宅类和商业类（商业类项目包括写字楼、商场、酒店、商贸城等以商业为用途的房地产项目）开发贷款项目，在同一房地产项目中，既有住宅又有商业用房，以住宅建筑面积占总建筑面积的比例作为判定标准。如果住宅面积大于或等于 70%，则视为住宅类项目；如果住宅面积小于70%，则视为商业类项目。

从贷款期限来看，一般来说，住宅类开发项目贷款期限一般为 1~3 年，最长不超过 5 年。商业类开发项目，一般开发项目完工后，出租比例大于或等于 70% 的，贷款期限一般不超过 10 年；开发项目完工后，整体出售或出租比例小于 70% 的，贷款期限一般不得超过 5 年。

70% 这一条内容，是多数银行授信的指导线，低于 70% 的开贷项目，地产企业销售将会面临压力，不利于后期贷款回收和风险管控。对于授信期限来说，一般不超过 3 年的建设项目，多数倾向于 3 年以内、最好是 2 年的项目，周转越快越好，这样总体风险可控。

2. 房地产开发贷款准入要求

要求借款人，即房地产开发企业，首先须具备二级（含）以上房地产开发资质，对于二级以下和暂定资质的房地产企业，仅限于支持直接或间接股东（股东持有股份不低于 30%）具备三级（含）以上资质的企业；同时，借款人最近一期资产负债率 ≤ 85%。其次，房地产企业在银行内部信用评级达到一定标准。例如，有的银行要求 BB- 级或以上，有的要求 BBB 级及以上；对于商业类开发项目，借款人或其控股股东必须具备累计 10 万平方米以上的商业地产项目开发经验；住宅用地容积率一般大于 1。

3. 关于授信审查的审核要件

根据监管要求，严禁商业银行向房地产开发企业发放流动资金贷款，严禁以任何形式向房地产开发企业发放用于支付土地相关费用的贷款，包括土地出让金、各项税费等。对于同一开发项目，仅可提供一笔授信，不得人为分拆。对于分期建设的项目，需与"建设工程规划许可证"相对应；房地产项目的抵押物及其所处位置，是"三位一体"各环节审查的重要内容，且应在项目批复中予以明确；对于存量年审的房地产授信项目，如与借款人签订的原授信条件低于现行标准，则应与借款人协商力争在原有授信条件的基础上有所提高。房地产开发贷款，应严格按照"三个办法、一个指引"要求执行，落实资金账户封闭管理，按销售进度和时间进度合理设置分期还款，进入还款期后每年至少两次偿还本金，利随本清，不得贷款到期后一次性偿还。房地产项目的销售进度达到80%时，必须收回全部贷款本息。

4. 项目投资资本金比例和要求

住宅类项目资本金比例和要求。最近一期资产负债率≤70%，则自筹资金（资本金）比例要求一般不低于35%；最近一期资产负债率>70%，则自筹资金（资本金）比例一般不低于40%。一般来讲，有些银行要求一线城市（北京、上海、广州、深圳等）住宅类项目可按资本金比例不低于25%执行，同时不受自筹资金比例要求限制。自筹资金包括资本金、股东或关联企业借款。对于股东或关联企业借款，要求签订三方协议，并规定在归还银行贷款前，不得归还股东或关联企业借款。一般来说，项目自筹资金（资本金）必须先行投入。

商业类项目资本金比例和要求。项目企业最近一期资产负债率若≤70%，则资本金比例要求不低于50%；若最近一期资产负债率>70%，则资本金比例不得低于60%。对于北京、上海、广州、深圳等一线城市，有些银行规定商业类项目可按资本金比例不低于35%执行。

5. 项目资本金必须具备的要求

第一，项目资本金来源于借款人的实收资本、资本公积、盈余公积以及其他可自由支配的权益性资本，并扣除无法实际投入项目建设的资本占用。

第二，股东借款转资本公积，需经会计师事务所审计且剔除应纳所得税额。

第三，土地增值等无法以现金形式存在的所有者权益应予以扣除。

第四，对于单一项目公司，资本金可由账面所有者权益扣减对外投资、固定资产、无形资产、长期挂账的应收款等部分后得出。

第五，对于未分配利润，应明确贷款期内股东不得分红。

第六，对于同时开发多个项目的企业，资本金可在上述计算方式中扣减其他项目占用的所有者权益和已买尚未开发的地块成本后得出。

6. 关于项目资质审核要件

第一，"国有土地使用证""不动产权证书""建设用地规划许可证""建设工程规划许可证""建筑工程施工许可证"四证必须齐全。这是授信贷款出账的必需条件。

第二，四证的权属人、项目名称、占地面积、建筑规模等证件内容应相互对应并与实际建设内容一致。

第三，对于暂未取得全部四证的项目，必须在授信批复中将四证齐全列为放款前提条件；对于四证不全的房地产企业发放贷款，多家银行曾受到监管处罚。

七、建筑行业

建筑行业作为重要的物质生产部门，与国家经济的发展、人民生活水平的提高息息相关。当前，建筑行业内外部仍具备积极的发展环境。在积极财政政策的大背景下，基建投资还将保持稳定增速。京津冀、雄安新区、长江经济带、大湾区等区域建设都将提供持续的业务机遇。与此同时，建筑行业发展也面临挑战。从外部环境看，房地产宏观调控力度不松，金融监管将进一步加强；同时，基础设施建设领域由高速度增长转向高质量发展，传统"铁公基"市场面临"瓶颈"。上游业主面临的困难和问题，将不可避免地传导至下游建筑企业。从行业内部来看，在业主市场集中度提高、建筑行业规范性加强、行业转型升级加快的影响下，建筑业的产业集中度也在不断提高，中小企业面临更大的生存困难，而大型企业集团强者愈强的态势将越发明显。总体上看，建筑行业还将迎来较大发展机遇，同时也面临诸多挑战。

（一）建筑行业产业链分析

建筑行业包含的范围广，建筑企业数量及从业人员多。建筑行业是重要的物质生产部门，产业关联度高，需要与50个以上的工业部门发生联系，特别是与上游建材、冶金、木材及木材加工、金属结构及制品生产及化学工业之间的关系较为密切，这些部门提供建筑行业所需3/4以上的原材料消耗。建筑行业上下游情况详见图15-4。

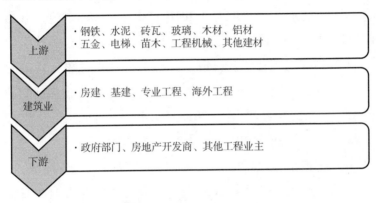

上游
·钢铁、水泥、砖瓦、玻璃、木材、铝材
·五金、电梯、苗木、工程机械、其他建材

建筑业
·房建、基建、专业工程、海外工程

下游
·政府部门、房地产开发商、其他工程业主

图 15-4　建筑行业上下游

（二）建筑行业发展情况分析

1. 行业转型升级得到有力推动

2016年6月，国务院办公厅发布通知，要求规范建筑行业保证金管理，加大简政放权力度，推动行业转型升级。2017年2月，国务院办公厅下发《关于促进建筑业持续健康发展的意见》（国办发〔2017〕19号），提出多项措施助力产业升级，包括完善工程项目组织模式、优化市场环境、推进产业现代化、加快建筑业企业"走出去"等。2018年12月，山西省住建厅发布《关于支持民营建筑企业发展的实施意见》（晋建市字〔2018〕347号），推动民营建筑企业的发展。根据万得资讯提供的数据，截至2018年末，国内建筑业企业景气指数与建筑业企业家信心指数也有明显回升。

2. 行业发展增速恢复

住房和城乡建设部公开数据显示，2018年，建筑业加快改革，市场更加规范、透明，增长活力得到激发，新签合同额、产值都实现了良好增长。2018年1—12月，建筑业企业新签合同额272854.07亿元，同比增长7%。2018年1—12月，建筑业完成总产值235085.53亿元，同比增长9.9%。

3. PPP项目持续稳步推进

2016年10月，财政部印发《关于在公共服务领域深入推进政府和社会资本合作工作的通知》（财金〔2016〕90号），要求进一步加大PPP模式推广应用力度，在能源、交通运输等15个公共服务领域深化PPP改革工作。自2017年以来，监管部门又出台了一系列PPP相关政策，对PPP项目进行监管、清理、规范。PPP项目稳步推进为提振建筑业需求特别是土木建筑业提供了动力。截至2018年12月末，入库项目总数12624个，总投资金额17.66万亿元，PPP项目落地率56.53%[1]。

4. 对外承包审批程序简化，建筑业"走出去"积极性高涨

随着我国政府简政放权执政理念的实施，2017年3月1日，施行近10年的对外承包工程资格制度宣告废止。对外承包工程项目审批程序简化，由核准制转变为备案制，有助于对外承包企业提高效率、降低隐性成本，企业对外承包工程的积极性进一步提高。2017年，我国建筑业"走出去"能力进一步提升。1—12月，我国对外承包工程业务完成营业额1685.9亿美元，同比增长5.8%，新签订合同金额合计2652.8亿美元，同比增长8.7%[2]。

5. 基础设施建设向乡镇下沉

当前，随着城市基础设施建设的逐步完善，基建发力点向县、镇、乡村下沉趋势明显。2017年2月，国务院办公厅印发《关于创新农村基础设施投融资体制机制的指导意见》（国办发〔2017〕17号），该意见明确指

---

① 根据财政部入库项目数统计。
② 根据住房和城乡建设部公开数据整理。

出要加快农村基础设施建设步伐，引导、鼓励社会资本投向农村基础设施领域。之后不久，又下发了《关于加强乡镇政府服务能力建设的意见》，要求县级以上各级政府要积极支持乡镇基础设施建设、公共服务项目和社会事业发展，引导银行信贷资金投向农村和小城镇。如果说大型PPP项目和"走出去"项目以大型建筑企业为主要参与者，那么乡镇基建项目将为中型、小型建筑企业创造新的业务机遇。

6. 国内市场开放度提升，省外产值增速加快

我国加快建立完善统一开放、竞争有序的建筑市场体系，为建筑企业提供公平竞争的市场环境。2018年1—12月，各省市在外省完成的建筑业产值为82155.70亿元，同比增长10.44%[①]。省外产值增速加快，表明我国建筑行业市场开发度不断提升，建筑业客户跨省业务能力提高以及全国竞争力增强。

［建筑行业客户案例］

一、涉案客户的基本情况

据贷款申报材料，甘肃××电力有限公司成立于2007年，初始注册资金100万元，后增资至5000万元，办公地址位于甘肃兰州。该公司主要从事电力开发、销售等经营服务。该公司实际控制人为自然人赵××。后经核实，赵××还实际控制其他水电公司。

2010年，甘肃××电力有限公司因建设3×2.8万千瓦水电站项目，向D银行提出固定资产贷款申请。项目总投资5亿元，实际控制人赵××自筹资金1.8亿元，申请银行固定资产贷款3.2亿元，项目资本金比例为36%，项目资本金比例符合国家及D银行资本金比例规定。

由于借款人申请的是固定资产贷款，根据D银行信贷操作规程，需要进行项目评估。借款人向D银行提供了该水电站项目的项目可行性研究

---

① 根据住房和城乡建设部公开数据整理。

报告、立项文件、占地批复文件、环评批复文件、规划许可文件、建设工程施工许可文件以及电价批复等相关文件。依据借款人提供的资料，D 银行进行了项目评估，得出了该项目贷款可行的结论，拟同意贷款 3.2 亿元、期限为 10 年的评估结论。最终，该笔贷款通过了审批，贷款自 2010 年 11 月首次发放，至 2012 年 3 月发放完毕，共计发放 3.2 亿元人民币。

二、案发经过

2014 年 11 月 5 日，甘肃省公安厅因甘肃××电力有限公司法定代表人赵××涉嫌贷款诈骗犯罪，冻结了该公司在 D 银行开立的基本结算账户。随后，D 银行向总行报告所辖支行贷款支持的甘肃××电力有限公司 3×2.8 万千瓦水电站项目涉嫌造假骗贷，其法定代表人赵××被甘肃省公安厅调查。截至 2014 年 11 月末，该公司贷款已经陆续回收本金23652 万元，剩余贷款本金 8348 万元。

随着案件侦办的逐步深入，公安机关认为支行主要负责人石××、原客户经理金 H 已涉嫌违法发放贷款犯罪，并决定对两人取保候审。

三、涉案贷款存在的主要问题

经核查认定，支行在上述贷款经营过程中个别人员对贷前调查、贷款条件落实、贷款资金使用监管等多个重要环节存在重大失职行为，其违法违规行为具体表现为：

贷前"关起门来"调查，申请材料基本虚假。企业提供的营业执照、项目立项文件、可研批复，环评报告、取水、电价等批复文件，以及中标通知书、项目施工合同、施工进度表等都是虚假的。贷前客户调查与项目评估评级相关人员只是依据借款人提供的材料完成了项目评估报告，未实地走访和到监管部门查询项目相关信息。按照贷审分离的原则，审批人员不直接接触客户，审批人员从营销人员处了解到的决策信息严重失实，导致整个信贷业务办理的基础丧失。

贷中"闭着眼睛"放款，对审批要求落实的条件置若罔闻。为有效防范项目风险，该笔贷款的审批批复提出了八项放款条件，但支行在发放贷款时均未实质性落实。例如，审批要求核实资本金合规合法，资本金不得低于申报比例。但实际上,该行发放第一笔贷款 3000 万元时,该公司对项目资本金的投入为零。又如,审批要求贷款提供股东担保,但实际首笔贷款发放时并未落实,且后来补签担保合同时未核实股东真实性、未落实面签,核查发现除赵××本身控制的关联企业以外,其他所谓股东担保均为虚假。同时,在贷款发放过程中,某支行明知项目进度严重滞后,仍继续发放贷款。

贷后"一贷了之",贷后管理流于形式。截至 2014 年 10 月,支行先后多次派人到贷款项目现场检查工程建设进展情况,但均未发现项目被调包,检查人员检查的项目并非 D 银行贷款支持的水电站,而是该公司的另一水电项目。而且,某支行对贷款用途监管不严,贷款资金未实行专户监管,贷款几乎全部被挪用。2013 年,当地检察机关收到反映该笔贷款业务中存在贿赂的举报,来支行调查。但支行既未检查项目的合规情况和风险情况,也未按规定向上级行报告该风险事项。

四、案例思考

上述水电项目骗贷案触目惊心,相关人员在贷前、贷中及贷后阶段存在明显失职行为。贷前调查、贷中审查和贷后检查是信贷管理的基石,发挥着风险防范的关口作用。为此,国家、监管部门颁布了相关法律法规和规章,如《商业银行法》《贷款通则》明确赋予了信贷人员在三查制度中的责任和义务。D 银行也出台了多项规章制度,全流程规范信贷从业人员行为,强化贷前、贷中、贷后关键环节的风险控制与尽职履责。相关文件要求,在贷前调查阶段,固定资产项目评估人员应严格按照项目评估相关规定,通过对借款人办公或主要营业地、项目所在地等场所进行实地调查,了解项目建设条件、前期工作进展情况、工程完成情况,应向相关政府、司法机构及行业主管部门,设计单位、项目承建方、客户开户银行等调查了解情况,核实已收集资料的真实性和可靠性;在贷中审查阶段,客户经理和风险经理应严格按照平行作业管理办法,梳理、落实各项贷款条件(包括前提条件、持续条件和贷款审批条件),尤其应严格审查固定资产项目的合规性(包括环保、土地、立项的合规性和有效性),严格落实担保和抵（质）押手续的有效性；在贷后检查阶段，检查人员应严格审核信贷资金用途和流向，并定期到项目现场了解项目建设情况，通过项目股东方、项目施工单位、设备供应商等关联方，多方位、多角度核实项目建设进度，了解项目建设期风险，对潜在风险因素及时采取防范措施，避免产生实际风险损失。但在实际工作中，由于种种原因仍然有个别经办人员有章不循、有法不依，致使内控机制形同虚设，发生了甘肃××电力有限公司造假骗贷事件。

八、影视业供应链金融模式

华谊兄弟发布公告，公司控股子公司华影天下（天津）影视发行有限责任公司，根据实际经营需要，拟向鑫航国际商业保理有限公司申请融资保理业务，融资保理循环额度 2 亿元人民币，期限为一年。这是国内首个影视企业应收账款保理融资产品。公告显示，华影天下拟以经营中发生的部分应收账款为标的，向鑫航国际申请额度 2 亿元的融资保理业务，额度可循环使用，期限一年。该项保理采取应收账款有追索权的保理方式，保理融资费率具体由双方协商确定。

（一）我国影视业供应链分析

影视产业链主要分为制作、发行、放映三个部分。影视制作最重要的准备工作是融资。融资和影视策划完成后，就进入真正的影视制作阶段，紧接着是发行、放映。发行主要包括各类版权销售，如DVD版权或海外版权等。在我国，票房收入占据了影片收入的绝大部分，影片上映票房是影视制作项目回笼资金的重要途径之一，也是后影视产品开发的资金来源。因此，影视产业价值链实际上包含了融资—制作—发行—放映—后产品开发五个模块。整个产业价值链的核心参与者是制片人、发行商、放映商、后影视产品开发商及消费者。前期融资、影片拍摄等一般由制片人负责；发行商通过各种渠道将影片的放映权、电视版权、音像版权、海外版权和网络媒体版权等销售出去；放映商一般是各大院线，通过旗下影院上映影片来回笼票房资金。后影视产品开发商负责影视产品的开发和销售工作。在美国好莱坞，后影视产品开发商一般就是制片公司，拥有影片的产品开发权。产品开发商可以通过建立影视主题公园，或者将影片版权卖给游戏开发公司，还可以制作影视纪念品，以此取得非票房收入。影视产业价值链的这五个核心参与者将与影视产业相关的上下游企业链接起来，各司其职又相互联系，组成了一个以影片为纽带的网络结构。

影视产业供应链融资的参与主体由供应链条中的影视企业、银行和其他金融机构以及第三方服务机构组成。其中，供应链中的企业包括实力强大信用度高的大型影视企业及规模较小、实力较弱的中小影视企业。

供应链的中小影视企业与核心影视企业。中小影视企业由于自身实力原因很难得到银行及其他金融机构的信贷支持，若该企业长期处于资金紧缺的情况，生产活动不能正常进行，与其有合作关系的大型影视企业也必将遭受经济损失。大型影视企业在供应链中充当核心企业的角色，为其上下游企业做担保，使其信用增级，从而活动金融机构的资金支持。

商业银行及其他金融机构。在供应链融资中，商业银行或其他金融机构不会只是针对某个企业进行审查，而是对整个供应链的风险进行评估，将整个供应链中的构成企业的交易关系综合起来考虑，并评定供应链中的成员企业的整体资信情况，为合适的交易链条提供特定的供应链融资服务。

第三方服务机构。信息的不对称会使投资方与融资方之间存在监管问题，第三方服务机构是这个矛盾的润滑剂。第三方服务机构包括保险公司、担保公司等。美国好莱坞经典的完片担保制度是投资人的定心丸。完片担保制度要求第三方服务机构对影片从开拍到杀青这段时期中扮演监管者的角色，监督影片的拍摄进度、各项经费预算等，使影视制作顺利完成。引入第三方服务机构将会大大降低供应链的整体风险，使该融资模式得以持续发展。

（二）银行业务营销建议

总体来说，商业银行应不断完善信用等级评价标准。商业银行在评价影视企业的信用级别时，应紧密结合影视企业的经营特征，不断完善灵活的信用评级标准，对处于成长期的影视企业，放贷时可适当降低信用等级。

1. 针对上游制片企业的业务营销建议

植入广告融资和发行影视彩票。通过在影视剧情中植入广告可以达到"双赢"的目的，广告企业达到了宣传效果而影视企业利用植入广告进行了融资，而且可以提前取得广告收入，冲抵一部分影视投资成本，还无须负担融资成本、无偿还期限和偿还风险。因此，植入广告是一种很好的融资方式；发行影视彩票，是影视企业通过市场有效组织和引导民众消费和投资、把分散的民间资金有机汇集起来用于影视产业发展的一条有效渠道。目前，影视产业发展速度不断加快，受到各地政府和社会的重视，影视企业如发行影视彩票，将彩票收入投资于影视项目制作中，可以促进企业资金良性循环和健康发展。

发行商完片担保供应链融资模式。核心企业发行商可以从银行获得较高的信用等级。我国的发行商多数经济实力雄厚，由发行商对电影进行完片担保，可以在一定程度上消除银行对中小制片商完片风险的顾虑，进而降低中小制片商的融资难度。

在此模式中，参与主体有作为投资者的银行、电影产业供应链中核心发行商及相应配套的中小制片商，该模式的实施步骤如下：一是制片商与发行商签订发行协议，将其影片版权以一定价格预售，发行商向制片商支付一定比例的购买保证金。二是发行商与制片商签订完片担保协议，内容包括发行商对影片制作的拍摄进度、资金使用等进行监管，并保证制片商能如期交付影片。之后，制片商需向发行商交纳监管费用。三是制片商将发行商与其签订的发行协议、完片担保协议等材料提交至银行，申请融资。四是发行商同银行签订协议，向银行承诺监督制片商如期交付一定质量的影片，若出现违约，后果由发行商承担。五是银行根据影片拍摄进度发放贷款，并与发行商共同监管制片商的拍摄工作。六是制片商将完成的影片交付于发行商，发行商将全部版权费用偿还银行贷款，银行扣除贷款本息后，余款交与制片商，融资结束。

2. 针对中游发行企业的业务营销建议

建立完善的版权评估体系，开展影视产品质押融资。影视企业的无形资产质押融资，是指影视制作发行人用其合法拥有的版权、影视作品预售权、著作权等无形资产作抵押，从金融机构获得银行借款的一种融资方式。为了使版权质押融资方式实现更成熟的运用和推广，所以亟须完善版权评估机构和评估体系，并由相应保险公司对影视产品的评估价值提供相应保险。

3. 完善影视产业基金

影视产业基金是影视产业融资的重要渠道，目前在我国已有初步发展，主要包括由政府拨款设立或由影视专业人士组建和吸引社会资本投入两类。影视产业基金将不同来源的分散资金集中在一起，根据协议约定来获取收益。由于该基金组织中专业人士多，对影视制作发行业务熟悉，因而使投资更加理性和规范化，也带动了影视产品质量的提高，使一些小型影视企业解决了融资难问题，并避免了无形资产的浪费。此外，要不断提高影视产业基金的配套政策和管理水平，完善投资意识和融资效率。

九、农业供应链金融的模式与风险管理

近几年，供应链金融的出现在一定程度上缓解了农业小企业融资难的问题，众多金融机构和互联网金融平台也发现这一契机，从而迈入该领域。根据《中国"三农"互联网金融发展报告（2017）》[①] 的数据，我国"三农"金融缺口到 2020 年将达到 3200 亿元，发展空间广阔。

（一）农业企业融资难

农业企业融资难主要有以下四个方面的原因。

1. 企业自身实力较弱

农业企业一般基础相对薄弱，经营规模较小，缺乏现代企业管理经营

---

① 李勇坚，王弢 . 中国"三农"互联网金融发展报告 [M]. 北京：社会科学文献出版社，2018.

理念，内部公司经营管理、财务制度等不健全、不规范，并且大部分的企业员工专业技能、创新能力不高，导致企业的持续提高能力弱，缺乏市场竞争力。农业小企业由于自身实力的不足，包括内控制度、市场意识等方面，抗风险能力较弱，因此经营发展过程中一旦受到外界环境的干扰或市场的冲击，将面临较大的风险，为企业融资带来了一定的风险，并且农业企业容易遭受自然灾害影响的特性，也增加了其风险性。

2. 企业的信用等级低

对于大多数农业小企业而言，存在产品同质化、恶性竞争等问题，导致利润水平较低，经营规模小，且企业管理的规范度、财务真实性较低，管理者信用意识淡薄，使得农业小企业信用等级普遍低，影响了银行给企业发放贷款的积极性。

3. 缺乏抵押担保物

抵押和担保是确保金融机构能够发放贷款的重要保证，但大多数农业企业从事农产品加工生产或产业基地建设，固定资产不多，缺乏有效的抵押物。比如，专用设备无法抵押，土地普遍少，担保公司又不愿意提供担保，导致了农业企业申请贷款的成功率很低。

4. 资本市场进入困难

对于农业的中小型企业来讲，获得股权融资很困难。一方面，由于农业企业一般都缺乏专门从事公司资本运营的人才和物质技术基础，对接股权投资机构存在困难；另一方面，中小企业整体实力较弱，发展存在较大的不确定性，抗风险能力弱，财务透明度低，很难满足公司上市的条件，股权退出困难。

整体来看，农业供应链中存在大量的农户、小微企业，他们大多因管理成本过高或教育水平不高，无法提供规范、透明的生产报表和财务报表，呈现出融资分散、小额、短期的特点，没有银行授信，几乎无法在银行融资。但是供应链金融利用的是核心企业的信用优势，以核心企业向产业链上下游延伸，打通整个链条的物流、资金流、信息流，将分散孤立、高风险、低收益的农户和小微企业与实力雄厚的大型企业捆绑在一起，实现利益共享、风险共担的效果，改变传统金融机构与农户一对一的授信模式，解决借贷双方信息不对称的问题。供应链金融在农业方面的发展前景，也引来了大量互联网金融公司的进入。

（二）农业供应链金融风险

完善的风控体系是确保农业供应链金融稳定发展的关键。目前，农业供应链风险主要来源于信用风险、整体性风险、操作和技术风险。

1. 信用风险

信用风险是指借款人不能按期履行还本付息的责任，而使金融机构面临本金和利息受损的可能性。农户和农业小微企业普遍综合实力不强，当受到自然灾害的袭扰和市场突变的影响时，没有足够的抗风险能力，会导致产生信贷违约现象，还会可能发生"羊群效应"。除了这些客观因素，部分人还可能出现主观因素，导致违约或延迟还款，甚至一个地方的民风民情都可能引发集体违约。

2. 整体性风险

农业供应链金融涉及广大的农户、农商、农业加工商、农业经销商和相关物流企业等，资金链条长，如果产业链上任何一个环节出现问题，都可能影响农业供应链的稳定性。目前，我国市场上农业企业与农户之间更多的是短期、松散的业务合作关系，没有形成紧密稳固的关系，受产品价格影响因素较大，购销两方不签订协议合同的情况普遍存在。因此我国农业供应链金融仍然容易受到信息不对称造成的违约风险，从而破坏整个供应链的各个环节的协调有序性，导致信用链的断裂，出现供应链整体性风险。

3. 操作和技术风险

我国农业供应链金融还处于起步发展阶段，但是其操作复杂，涉及流程繁多，金融机构或互联网金融公司需要密切监视供应链上下游企业，对每笔已到的和将要到的现金流进行严格管理，操作人员需要严格遵照制度规范执行，避免内部控制失灵、业务人员操作失误带来的风险。同时，通过大数据平台切入供应链金融的互金平台，需要确保数据的真实完整性，并不断提高云计算、大数据等技术，完善风控模型的建立，避免由于技术落后而出现的风险。

（三）银行供应链金融业务建议

1. 与客户建立长期合作

商业银行要始终把与客户建立长期的合作伙伴关系作为其经营的第一理念，更注重农民金融服务的可得性，而不是利润。农业不仅是生存方式，也是发展方式；银行不仅提供信贷，也在进行投资。因此，在合理控制风险的前提下，银行更应该关注客户的业务发展计划、创业能力、技术水平，选择具有成长性的客户并建立长期合作关系。

2. 组建农业及食品专业研究团队

开展农业产业研究、积累行业知识是农业产业链金融服务最重要的基础性工作。建立农业事业中心，负责大农业概念下每一个目标细分产业的研究和分析，包括预测产量和价格走势、收集财务信息、分析重要客户等，并将研究成果用于指导业务和风险部门的营销及风控工作。对当年各地农业产业化发展现状、困难及融资需求深入调查研究，掌握农业产业链目标客户选择及价值分析方法，做好市场细分、产业研究和价值链分解。特别注重客户信息整理和数据积累，为后续金融服务介入奠定基础。

3. 提供多元化的金融产品及工具

由于农业产业链本身的复杂性及各环节经营主体融资需求的多样性，多元化的金融产品及工具是农业产业链金融有效实施的必要条件，为客户提供涵盖食品及农业供应链中所有环节的专业产品及服务，涵盖范围包括贷款产品、全球客户解决方案、项目融资、资金部、食品及农业研究咨询、收购及兼并、融资租赁、贸易及大宗商品交易融资、资本市场。

4. 主动掌握农业产业链金融风险防控技术

银行在推进农业产业链金融服务时，除了运用好已有的小额信贷信用评级技术、微贷技术、现金流分析技术，还要学习更先进的风险防控技术，借鉴交叉验证机制、动产质押融资技术，借助互联网及大数据分析技术，把农业产业链金融风险降至最低限度。

十、新兴行业授信风险窥见

传统的许多行业是线性关系，但互联网平台公司是另一种形式，存在网络效应。平台公司通常有超过两边的市场。网络效应是指某一个单位增加，会引起其他单位的增加。比如微信，越多的人用微信，就有更多的人会使用，这就是一种同边网络效应。另外还有一种网络效应，当买家越多，就会有更多的卖家出现，接着就会有更多的买家，这种被称为跨边网络效应。无论是同边网络效应，还是跨边网络效应，都是一家互联网公司最重要的价值所在。

对于财务的分析，首先要分析财务目标。一家公司一定是有财务目标的，互联网公司和传统公司的财务目标有极大的不同。比如我要投资做一家发廊或小卖铺，第一句话我就会问，什么时候回本？什么时候开始赚钱？传统行业追求的是短期盈利。

互联网公司不一样，互联网追求的是"我要活着"。因为在每一个细分领域，往往不会有超过两家公司"赢家通吃"。传统市场就好多了，能允许多方共同分享，如空调就有格力、长虹、奥克斯等。既然财务目标不一样，那么我们做财务分析也就不一样，对于一家公司估值的方式也就不一致了。

第一步是看收入结构，收入结构决定盈利模式。去哪儿最大的一块叫P4P收入，即用户每点击一次去哪儿网的点击，去哪儿就会收取旅游服务提供商一定比例的费用。所以本质上，去哪儿是一个广告公司，它就是导流量的。携程赚的是酒店预订和机票预订，它赚的是佣金。去哪儿卖的是广告，携程赚的是佣金，这显然是不一样的。

第二步是看成本结构，成本结构决定平台延展性。成本包括固定成本和变动成本，如果固定成本比较高，那就意味着平台的延展性比较好，收入越增长，毛利率就越高。简单来说，如果投了一笔钱进去，再也不需要投钱，那么多卖一个客户，平均成本就会更低一点，毛利率就更高一点。平台延展性对一家公司能够持续，并且对某些不可预料的爆发点能作出快速反应，有决定意义。

会计有一个重要原则叫配比原则，就是收入和成本要匹配，若公司一年发生 100 万元的收入，要弄清楚需要多少成本以匹配。但是互联网平台公司和传统公司的成本配比是不一样的。一家互联网公司为了达成交易，引流是一件非常重要的事情。也就是说，用户数量和收入往往是与营销费用紧密相关的。因此，互联网公司不仅仅看重收入成本，更看重引流成本。

第十六章　供应链金融业务司法判例①

▶ 章节概要

　　供应链金融是在传统融资模式的基础上结合了供应链的背景和特点而出现的新的融资模式，它为包括银行、核心企业、融资企业、物流企业在内的各业务主体带来新的发展契机，但是，从已有的司法判例来看，其法律风险也同时并行。本章对相关问题结合法院的司法案例进行分析，指出在实务操作中可能会存在的风险和漏洞，最后的落脚点是为金融机构提供可资借鉴的风险防范措施。

一、保理合同因基础合同无效不影响合同效力

　　由于保理合同包含了债权转让关系与金融服务关系，因此保理商在为债权人提供融资服务的前提是以受让债权人与债务人之间产生的应收账款作为还款保障的，与一般的借贷关系不同。基础合同的效力，与保理合同既相互独立，又相互关联，保理合同中应收账款形成的直接前提是债权人与债务人之间的基础合同，与债权人的融资行为没有直接联系；但是，若基础合同产生商业纠纷，债务人拒绝履行付款义务，则会导致债权人不能利用已到期的应收账款资金作为第一还款来源清偿融资债务。

　　在众多司法判例中，法院往往会认为基础合同无效，导致保理合同无

---

① 本章相关司法判例均来自中国法院网（https://www.chinacourt.org）。

效。但是，基础合同与保理合同并非主从合同关系，应收账款是否真实有效，不影响保理商向债权人融资的借贷关系的法律效力。因此，只要当事人在签订保理合同时，按照《中华人民共和国合同法》的规定，符合合同生效的要件，即便债权人构成骗取贷款、合同诈骗等刑事犯罪，但是在保理商不知情的情况下与之达成合意，不应认定为无效合同。

保理商在为债权人发放保理融资时，若债权人与债务人之间的基础合同不存在或者无效，也就无法实现应收账款的转让，这将导致保理合同的法律关系变为借贷合同关系，保理合同继续有效。

案例：B 银行诉 T 公司金融借款合同纠纷案

原告：B 银行（保理商）

被告 1：T 公司（债务人）

被告 2：HY 公司（债权人）

被告 3：XJ 公司（保证人）

案情：2013 年 7 月，B 银行与被告 HY 公司签订了《有追索权国内保理合同》，约定在合同有效期内为 HY 公司发放保理融资 1500 万元，用于企业经营周转。B 银行同时与 XJ 公司签订《最高额保证合同》，约定由 XJ 公司为上述《有追索权国内保理合同》提供连带责任保证担保，保证范围为保理合同项下不超过 1500 万元的融资本息、违约金、赔偿金等。2013 年 8 月，HY 公司提出向 B 银行转让与 T 公司之间因基础合同产生的应收账款 2000 万元作为第一还款来源，办理 1500 万元的有追索权的保理融资。B 银行在前往 T 公司核实应收账款信息，并见证 T 公司工作人员马某在"应收账款转让通知书"的回执上加盖 T 公司公章后，为 HY 公司发放融资。

2014 年 2 月，B 银行因 HY 公司与 T 公司均未履行到期还款义务，向法院提起诉讼，要求被告 T 公司向其履行到期未付的应收账款债权的支付义务，要求被告 HY 公司按照《有追索权国内保理合同》中的条款履行回购上述应收账款的义务，要求被告 XJ 公司履行连带担保责任。

被告 HY 公司、XJ 公司辩称：自愿承担相应责任。

被告 T 公司辩称：B 银行未能对其出具 HY 公司与 T 公司之间的基础合同、增值税发票的真实性举证证明；"应收账款到期支付确认书"的回执上加盖的 T 公司印章与公司实际印章式样不符；且马某并非 T 公司财务人员，不具备确认应收账款事实的职务权限；因此 HY 公司向 B 银行提出的保理融资所对应的基础合同关系不存在，T 公司不承担清偿责任。

法院认为：B 银行与 HY 公司签署的《有追索权国内保理合同》，与 XJ 公司签署的《最高额保证合同》系当事人真实意思表示，合同内容合法有效。B 银行依照合同约定发放贷款后，HY 公司未能如期还款构成违约，应依法承担相应还款责任。XJ 公司应当依据合同内容承担对 HY 公司所负债务的担保责任。本案争议的焦点在于 T 公司与 HY 公司基于基础合同关系而产生的涉案应收账款债权是否存在，T 公司在回执商加盖的公章是否有效。B 银行诉请 T 公司支付到期应收账款的前提是基础合同及其所涉应收账款债权真实有效，若 T 公司并不享有涉案应收账款的债权，则 T 公司转让给 B 银行的应收账款债权也并不存在。经法院调查，T 公司与 B 银行均不能提供涉案基础合同、增值税发票原件，基础合同真实性无法证明；经司法鉴定证实，回执上加盖的 T 公司印章并非 T 公司印鉴，且 B 银行也无法证明马某有权代表 T 公司确认应收账款债权。综上所述，法院判决如下：依照《中华人民共和国合同法》第六十条、第二百零六条、第二百零七条的规定，HY 公司在本判决生效后 10 日内偿还 B 银行融资本息；依照《中华人民共和国担保法》第十八条、第十九条的规定，XJ 公司对 HY 公司上述履行事项承担连带保证责任；驳回 B 银行对 T 公司的诉讼请求。

案例启示：保理融资与一般借款有所不同，保理融资的第一还款来源是债务人支付应收账款，而不是债权人直接归还保理融资。因此，对保理商而言，核实基础合同的真实有效性是保障其第一还款来源的重要前提。基础合同无效，导致应收账款债权不存在，也就无所谓债务人的存在，保理商从而失去了追偿对象。尽管应收账款债权人作为保理融资的借款人，具有偿还融资的义务，司法判例也根据保理合同的借贷事实支持保理商要求借款人履行偿还义务，但是如果借款人没有偿债能力，保理商也无法收回融资本息，弥补损失。

二、债务人对虚假基础合同而产生的应收账款加以确认的，保理商可向其主张侵权责任

保理合同纠纷，多见于债权人与债务人之间的基础合同虚假，或是应收账款转让的确认文件真实性存疑。虚构或伪造的无效基础合同不影响保理合同的效力，但是，不少提供虚假基础合同获取保理商融资的债权人自身并无还款能力，从而导致保理商即使赢得诉讼，也无法弥补实际损失。保理商为债权人提供保理融资，主要还是依赖基础合同的真实性，对债务人信用资质的信赖以及相信债务人应收账款确权的真实性。债务人对虚假基础合同中所谓应收账款进行错误确认，对保理商造成损失的案件屡见不鲜，但是由于保理商在向法院提起诉讼要求债务人承担，诉讼请求不当，也会造成相似案情，审判结果不同的情况。

（一）债务人对虚假基础合同进行确认的，因基础合同无效，不承担清偿责任

案例：C 银行诉 DT 公司买卖合同纠纷案

原告：C 银行（保理商）

被告：DT 公司（债务人）

第三人：JY 公司（债权人）

案情：C 银行诉称，JY 公司与 DT 公司于 2013 年 1 月签署了一份《燃料供需合同》，约定 DT 公司向 JY 公司购买燃料并支付货款。随后 DT 公司收到 JY 公司送达的"应收账款转让通知书"，C 银行与 DT 公司签署了《备忘录》，载明因 JY 公司为了向 C 银行融资，而将对 DT 公司的应收账款债权转让给 C 银行，DT 公司应当于 2014 年 9 月前，将《燃料供需合同》约定的应收账款全额支付给 C 银行。因付款期限已过，DT 公司仍未付款，故 C 银行诉请法院，请求法院判令 DT 公司将逾期未付的应收账款足额支

付给 C 银行。

被告 DT 公司辩称：C 银行受让的所谓《燃料供需合同》项下的应收账款债权，系 JY 公司为了骗取银行融资所虚构的，DT 公司在 2014 年 4 月发现上述情况后，已向 C 银行致函说明相关情况，并提示其进行相关调查。由于 DT 公司与 C 银行签订的《备忘录》缺乏事实基础，系其内部工作人员在未对应收账款债权进行核实的情况下，私自加盖公司印鉴予以错误确认，并非公司真实意思表示。C 银行在贷前调查环节并未对《燃料供需合同》及相关发票、收据等材料的原件加以认真审核，未尽到尽职调查义务，具有过错责任，应承担相应的不利后果。由于基础合同项下应收账款债权并不存在，DT 公司不应承担所谓应收账款债权下的清偿责任，为避免相关责任人以合法形式掩盖非法目的，DT 公司请求法院查明本案实情，并依法将可能涉嫌违法犯罪的单位和个人移交公安机关查处。

第三人 JY 公司辩称：认可 C 银行的起诉事实与理由。

经法院查明：DT 公司收到多份由 JY 公司先后出具的"应收账款转让通知书"，载明 JY 公司为向 C 银行办理保理融资，已将《燃料供需合同》项下所属的应收账款债权转让给 C 银行，并加盖 JY 公司印鉴。DT 公司在通知书回执中载明已知晓 JY 公司履行了《燃料供需合同》约定的全部义务，不会对此次转让的应收账款进行任何抵销、抵扣、罚款、违约赔偿或误期赔偿等扣款，并约定到期支付给 C 银行指定回款账户的相关内容，同时加盖 DT 公司印鉴。DT 公司提交银行对账单显示，先前划入 C 银行指定回款账户的部分资金系 JY 公司划入 DT 公司账户内，再由 DT 公司划入，并非 DT 公司自有资金。DT 公司另向法院提交录音谈话记录显示，JY 公司法人代表向 DT 公司工作人员承认《燃料供需合同》系其伪造，JY 公司对录音内容予以承认。

法院认为：本案中，各方当事人均无法提供《燃料供需合同》原件，故法院对该合同的真实性不予认可，因此 JY 公司基于该合同享有的 DT 公司应收账款债权并不存在。DT 公司已在发现应收账款债权虚构后致函 C 银行说明相关情况并拒绝向 C 银行履行清偿义务。根据《中华人民共和国合同法》第八十二条的规定，债务人接到债权转让通知后，债务人对让与人的抗辩，可以向受让人主张。故 DT 公司的抗辩理由于法有据，C 银行以并不存在的应收账款债权向 DT 公司主张权利没有依据。判决驳回 C 银行的诉讼请求。

案例启示：C 银行基于保理合同中债权转让的法律关系向 DT 公司主张应收账款债权，而应收账款债权系 JY 公司虚构，事实并不存在。C 银行应基于保理合同中借贷关系，向 JY 公司主张违约责任，要求 JY 公司偿还融资本息及相关费用。JY 公司极有可能因为不具备还款能力导致 C 银行即使胜诉也无法获得资金偿还，故 C 银行才试图向资信实力更强的 DT 公司主张清偿责任。本案中，C 银行败诉的原因是援引的法律依据不恰当而导致的。DT 公司因为内部管理不善，对虚构应收账款予以确认，存在过错责任，但是不可能基于不存在的法律事实，承担并不存在的法律义务。因此，保理商应当以债务人确认虚构应收账款的过错责任，向法院请求相应的侵权责任。

（二）债务人对虚假基础合同进行确认，事后给保理商造成损失的，应承担侵权责任

案例：D 银行诉 LQ 公司财产损害赔偿纠纷案

上诉人：LQ 公司（债务人）

被上诉人：D 银行（保理商）

案外人：LY 公司（债权人）

案情：一审法院审理查明，2012 年 2 月，D 银行与案外人 LY 公司签订有追索权保理合同，约定 LY 公司作为债权人，将享有的 LQ 公司应收账款债权转让给 D 银行，D 银行以此作为前提，为 LY 公司发放保理融资 1500 万元。LY 公司同时向 D 银行提供了与 LQ 公司签订的工程采购合同，"应收账款转让通知书"等文件材料。2012 年 5 月，D 银行因 LY 公司法人代表顾某涉嫌金融诈骗罪被公安局立案侦查，以保理合同纠纷为由向一审法院起诉。经一审法院另案查明 LY 公司法人代表顾某伪造工程采购合同，向多家银行骗取银行贷款，犯罪事实属实。鉴于 LQ 公司对保理合同项下顾某虚构的"应收账款转让通知书"未经审核，进行错误确认，导致D银行1450万元融资无法收回，判令LQ公司赔偿D银行1450万元融资本金及相应利息损失。LQ公司不服，提出上诉。

LQ公司诉称：D银行的贷款损失，系LY公司法人代表的诈骗行为直接导致，应由其承担全部赔偿责任。LQ公司因内部管理疏忽，在虚构的"应收账款转让通知书"的回执上签章确认，属于从属责任，仅应承担有限补充赔偿责任。D银行在审核应收账款真实性流程上缺乏独立客观性，致使诈骗行为得逞，存在一定过错责任。在赔偿顺位上，LY公司均应列为本案必要共同诉讼人参加审理。

D银行诉称：LQ公司在涉案"应收账款转让通知书"的回执上加盖真实印鉴，足以使银行认为应收账款真实存在，且银行工作人员亲自前往LQ公司调查核验，已尽到尽职调查义务。LQ公司内部管理缺失，未能核验应收账款债权的真实性，属于重大过失，应依据侵权责任履行全额赔偿义务。故请求法院维持原判。

二审法院经进一步审理认为：LQ公司工作人员在未经审核的情况下，对"应收账款转让通知书"的回执加盖真实印鉴，对虚构事实予以确认。在D银行发现回执印鉴与LY公司提交的其他贷款申请材料不一致后，再次向LQ公司核实时，LQ公司并未引起警觉，再次确认了涉案应收账款债权，作出不符合事实的承诺，属于对应当预见的风险后果未尽审慎义务，属于重大过错。保理融资的第一还款来源是债务人对应收账款的清偿，D银行鉴于信赖LQ公司的良好资信从而发放贷款，故LQ公司所确认的应收账款债权事实与D银行的贷款损失存在因果关系。LQ公司在行为过错、损害后果、因果关系等三个构成要件上，均符合侵权责任的条件，应当承担侵权责任。D银行应当根据银行业保理业务规范和惯例审核应收账款真实性、合法性。但是在审核涉案应收账款债权时，未按照与LY公司签署的保理合同内容，审核相关货物单据、发票等证明基础合同是否履约完成的其他资料，仅审核了工程采购合同、核实《应收账款转让通知书》，未作完善的尽职调查。D银行在涉案保理业务的真实性审核上存在一定不足，对其融资损失负有一定责任。LQ 公司确认虚构应收账款的事实主观上存在重大过错，客观上对 D 银行的融资损失有直接影响；D 银行也负有对发放融资审核不足的责任，应酌情认定 LQ 公司的赔偿范围，其余损失由 D 银行承担。根据《中华人民共和国侵权责任法》第六条第一款、第二十六条判令：撤销一审判决结果；LQ 公司承担 D 银行融资本息 80% 的赔偿责任，D 银行承担剩余 20% 部分；驳回 LQ 公司其余上诉请求。

案例启示：本案中 LQ 公司对"应收账款转让通知书"内容进行确认，并未持异议，根据诚实信用原则，属于其真实意思表示，应当对其行为后果负有法律责任。LQ 公司的行为是否构成因过错责任产生的侵权责任，系本案争议焦点。构成侵权责任的法律要件一般为：侵权行为、损害事实、侵权行为与损害事实之间的因果关系三个方面。本案中，LQ 公司错误确认应收账款属于侵权行为，D 银行具有融资损失的损害事实，LQ 公司确认应收账款债权是 D 银行的放款依据。因此，LQ 公司构成本案的侵权责任。而 D 银行由于未能审慎做好尽职调查工作，根据《侵权责任法》第二十六条"被侵权人对损害的发生也有过错的，可以减轻侵权人的责任"也须承担一定比例的过错责任。

三、诉讼时的举证责任："谁主张，谁举证"原则

法院在裁定案件纠纷时，遵循"以事实为基础、以法律为依据"的原则，因此案件当事人在诉讼的举证、质证环节应当出示具有说服力的证据材料，凭客观事实证明自身诉求合理、合法。保理商办理保理融资业务所审核的申请材料，大多是由融资人（债权人）所提供的，债权人为获取融资便利，则有提供不实资料的动机；而应收账款债务人主要承担应收账款清偿义务，配合保理商开展调查工作的意愿并不强烈；且债务人信息大多通过债权人提供，保理商往往难以充分做好调查、审核工作。保理商在贷前审核时，则需要充分行使审慎调查义务，多角度搜集并保存审核材料，交叉验证基础交易的真实性、合理性，并按照法规政策的要求规范履行保理商的调查、

审查流程，掌握完整的业务证据链条，防范风险，避免过失责任。

案例：E银行诉FT公司保理合同纠纷案

原告：E银行（保理商）

被告1：FT公司（债务人）

被告2：CJ公司（债权人）

被告3：HQ公司、SF公司、TH公司（保证人）

案情：原告E银行诉称，2013年8月，原告与被告CJ公司签订《有追索权国内保理合同》，并向其发放保理融资。同时，被告CJ公司将其对FT公司享有的应收账款债权转让给E银行，并办理了应收账款转让登记。HQ公司、SF公司、TH公司分别与原告签订《最高额保证合同》，为被告CJ公司的上述保理融资提供连带责任保证。融资发放后，由于被告CJ公司涉及另案诉讼，公司财产被司法冻结，危及E银行融资安全，E银行向法院起诉，请求判令：被告CJ公司归还融资本息及承担相关违约罚息；被告FT公司承担应收账款债权清偿责任；被告HQ公司、SF公司、TH公司承担上述融资的连带担保责任。

被告CJ公司辩称：原告所诉属实。

被告HQ公司、SF公司、TH公司辩称：原告所诉属实。

被告FT公司诉称：被告CJ公司并不享有FT公司的应收账款债权，与该债权有关的基础合同也并不存在，FT公司从未对涉案应收账款的转让进行确认。FT公司请求法院驳回原告要求FT公司承担清偿责任的请求。

法院查明：E银行与CJ公司签订的《有追索权国内保理合同》，与HQ公司、SF公司、TH公司分别签订的《最高额保证合同》均属当事人真实意思表示，合同内容未违反法律规定，均为有效合同。E银行向法院提供的"应收账款转让通知书"原件载明，被告CJ公司向FT公司通知应收账款转让事项，且被告FT公司在回执上加盖印鉴；E银行同时提供与应收账款转让事实相匹配的买卖合同、由CJ公司开具给FT公司的增值税发票复印件等材料佐证相关事实。被告FT公司在质证环节对上述证据存有异议，提出《应收账款转让通知书》回执、买卖合同上的印鉴并非均不是 FT 公司加盖，从未见过与本案相关的基础合同、发票、货物单据等与该业务相关的任何证据，因此原告主张的债权转让事实并不存在，但是 FT 公司并未向法院提出印章鉴定申请。

法院认为：本案中，依照 CJ 公司与 E 银行签订的保理协议以及应收账款转让通知书，该债权转让事实对被告 FT 公司发生法律效力。关于"应收账款转让通知书"回执上的印鉴是否由 FT 公司加盖，相关印鉴是否系伪造，FT 公司并未向法院提交相关印鉴在公安机关备案的预留印鉴，也未提出对上述印鉴的司法鉴定申请。由于公司印鉴系代表企业法人行为并具有法律效力的凭据，是判断企业法人民事活动效力的依据，也是企业法人对外行使企业意志的标志，依法成立的法人或组织均有备案登记的预留印鉴，故，法院无法通过预留印鉴与鉴定结论判断该印鉴的真实性。依照民事诉讼程序中"谁主张、谁举证"原则，依照《最高人民法院关于民事诉讼证据的若干规定》第五条第一款内容，FT 公司应当承担举证不能的法律后果。原告 E 银行提供的买卖合同、增值税发票、应收账款转让登记证明等证据，均与"应收账款转让通知书"上载明的内容相印证，可以推定涉案应收账款债权转让的事实系真实、合法、有效的，应当得到法院支持。综上所述，依照《中华人民共和国民法通则》第一百零八条、第一百一十一条，《中华人民共和国担保法》第十八条、第三十一条，《中华人民共和国民事诉讼法》第一百四十四条的规定判令：被告 FT 公司承担本案应收账款债权的清偿责任；被告 CJ 公司承担本案融资本息的还款责任；被告 HQ 公司、SF 公司、TH 公司承担本案融资的连带担保责任。

案例启示：本案从案情来看，其实并不复杂，案件争议焦点在于应收账款债权对应的基础合同是否存在，应收账款债权转让事实是否真实有效。认定应收账款转让事实的依据就是原告 E 银行在举证阶段出具的"应收账款转让通知书"及被告 FT 公司加盖印鉴的回执是否具有真实性。而 FT 公司尽管否认收到通知书，并且否认回执上印鉴的真实性，但是无法自证清白，出示真实合法的印鉴样本。根据《最高人民法院关于民事诉讼证据的若干规定》中"主张法律关系存在的当事人，应当对产生该法律关系的基本事实承担举证证明责任；主张法律关系变更、消灭或者权利受到妨碍的当事人，应当对该法律关系的变更、消灭或者权利受到妨碍的基本事实承担举证证明责任"，通俗来说，就是通过向法院提供有效证据来主张自己的正当权益。本案中，E 银行不具备验证 FT 公司印鉴真实性的条件，但是 FT 公司却无法证明自身印鉴的真伪，从而承担举证不能的法律后果。同时，E 银行除了向法院提供了"应收账款转让通知书"及其回执，还提供了与之匹配的基础合同、增值税发票等证据材料，证明其已尽审慎调查的义务，与 D 银行诉 LQ 公司财产损害赔偿纠纷案相比，原告的证据链更为完整充分，故而法院判令被告 FT 公司承担全额清偿责任。保理商在办理保理业务之时，须对债权人、债务人作充分尽职调查，尽可能搜集完整、真实的业务申请材料，不仅有利于审核保理业务的正当性、真实性，防范业务风险，而且在发生风险时，充分的证明材料能够形成完整的证据链，最大限度地保护保理商正当、合法的权益。

四、应收账款转让与质押的权利冲突

在保理合同纠纷中，不少案例的争议焦点在于涉案应收账款债权上存在质权，或者同一应收账款债权存在多个权利人，从而影响保理商的受偿权。由于应收账款并不属于有形实物，权利人无法通过实际占有的方式保障权益，因此需要通过登记公示的方式来确定权利人对应收账款债权所享有的相应权利。应收账款登记尽管属于形式登记，但是其登记内容公开，可自由查询，因此登记内容具有对抗第三人的效力。中国人民银行颁布的《应收账款质押登记办法》规定，办理应收账款登记前须签订协议，明确应收账款内容、金额，权利人等内容；应收账款债务人在收到应收账款出质或转让通知后，获知原债权人已丧失受领权利的，若依然向原债权人履行义务的，质权人或受让人有权要求债务人履行债务。

保理商在办理保理业务时，应收账款的转让容易形成权利冲突，因此，《中华人民共和国物权法》第二百二十八条对相关问题作出规定："应收账款出质后，不得转让，但经出质人与质权人协商同意的除外，出质人转让应收账款所得价款，应当向质权人提前清偿或者提存"，保障了质权人的优先权利。而应收账款转让在先，质押在后的情况下，若转让事实未通知债务人，应收账款转让对债务人不发生效力，质权人作为善意第三人，可根据善意优先原则，对该应收账款享有优先权，已通知应收账款债务人的，则质权人不能取得质权。

尽管应收账款转让登记的公示效力可以确定保理商受让应收账款的优先受偿顺位，但是保理商所享有的应收账款受让权利无法对抗质权人的优先权利。因此，保理商除了及时对应收账款权利进行公示登记之外，还应该及时通知应收账款债务人相关转让事实。

案例：F银行诉矿业集团别除权纠纷案

原告：F银行（保理商）

被告：KY公司（债权人）

案情：原告F银行诉称，2011年，原告根据与被告KY公司签订的《国内保理业务合同》，共向被告发放保理融资2150万元，2012年，被告KY公司被法院裁定破产。由于破产之日，原告向被告发放的保理融资尚未到期，故原告依照破产法规定，向管理人申报债权，并获得法院裁定。经管理人审核，原告F银行涉案债权所对应的应收账款债权，已在破产裁定前以票据结算方式到账，被告在获得应收账款回款后，并未依约归还保理融资，上述款项已经被告KY公司挪用。原告根据双方签订的《国内保理业务合同》及双方于人民银行征信中心登记公示的应收账款质押信息，诉请法院判令：原告F银行享有对被告KY公司保理融资债权的优先受偿权；若原告无法从被告KY公司的账户内足额受偿，则应当变卖、拍卖被告资产，所得价款优先受偿。

被告辩称：原告先以普通债权申报涉案融资债权，现对该债权性质提出异议，于法无据。保理融资债权系以应收账款转让作为第一还款来源，不同于应收账款质押，融资债权对应的应收账款未向原告F银行设定担保物权，原告 F 银行并非该应收账款资产的质权人，不具有优先受偿权。根据法律规定，优先权仅包含：担保物权、批产管理费用及相关开支、法律明确规定的特别优先权。因此，原告 F 银行对涉案保理融资债权不具有优先受偿权。

法院认为：原告 F 银行与被告 KY 公司签订的《国内保理业务合同》系双方真实意思表示，合同有效，且合同内容约定：对于被告 KY 公司使用票据结算方式确实不能将到期应收账款直接划入原告 F 银行指定还款账户的，被告方应确保及时将票据款项变现后划入上述指定账户，不得挪用。被告 KY 公司据此负有违约责任。原告 F 银行与被告 KY 公司将涉案应收账款债权转让事项在人民银行征信中心登记公示的内容显示：该事项的登记标题为"应收账款质押登记"，但是登记交易类型为"应收账款转让"，且登记内容描述也显示为"KY 公司将对债务人……所享有的应收账款债权转让给 F 银行……"该登记内容记载的系双方应收账款债权的转让事实，并非质押行为。根据中国银监会发布的《商业银行保理业务管理暂行办法》规定：保理融资是以应收账款合法、有效转让为前提的银行融资服务，以应收账款为质押的贷款，不属于保理业务范围。结合原告 F 银行与被告 KY 公司签订的《国内保理业务合同》及"应收账款质押登记"公示内容可知，双方的融资业务系保理融资。被告 KY 公司向原告转让了涉案应收账款债权，并未将其出质给原告。别除权系对破产人特定财产设有担保物权或享有法定优先权的权利人，对该财产享有的优先受偿权。原告 F 银行不享有对被告 KY 公司涉案保理融资债权的优先受偿权，并对被告其他待清算资产也不享有优先受偿权。原告已向被告管理人申报涉案债权，并获得法院裁定认可，原告 F 银行可根据《国内保理业务合同》内容向被告 KY 公司行使保理融资追索权。因此，依照《中华人民共和国企业破产法》第一百零九条、《中华人民共和国物权法》第二百零八条、第二百二十八条的规定判令：驳回原告 F 银行的诉讼请求。

案例启示：本案属于别除权纠纷，案件争议焦点在于被告 KY 公司向原告 F 银行到底是出让涉案应收账款债权还是出质相关债权。质押登记与转让登记的实质，应当根据登记内容结合保理合同与质押合同的特点加以区分。质押行为，除了质押登记之外，出质人与质权人应当在融资协议的基础上签订《质押协议》后质权才能生效。而中国银监会发布的《商业银行保理业务管理暂行办法》则明确了应收账款质押融资不属于保理业务范畴。因此，在判断保理商对应收账款债权所对应的权利时，应当从法律制度、行为事实、与协议证据等多方面进行审核。鉴于应收账款的质权优先于受让权，保理商在受让应收账款债权前，应当审核该应收账款是否预先设定质权等限制性条件，并在受让同时，及时对所享有的受让权进行登记公示并通知债务人相关事实，以免合法权益受损。

附　　录

附录 1　关于推动供应链金融服务实体经济的指导意见

（银保监办发〔2019〕155 号）

为深入贯彻党中央、国务院关于推进供应链创新与应用的决策部署，指导银行保险机构规范开展供应链金融业务，推动供应链金融创新，提升金融服务实体经济质效，进一步改善小微企业、民营企业金融服务，现提出以下意见：

一、总体要求和基本原则

（一）总体要求

银行保险机构应依托供应链核心企业，基于核心企业与上下游链条企业之间的真实交易，整合物流、信息流、资金流等各类信息，为供应链上下游链条企业提供融资、结算、现金管理等一揽子综合金融服务。

（二）基本原则

银行保险机构在开展供应链金融业务时应坚持以下基本原则：一是坚持精准金融服务，以市场需求为导向，重点支持符合国家产业政策方向、主业集中于实体经济、技术先进、有市场竞争力的产业链链条企业。二是坚持交易背景真实，严防虚假交易、虚构融资、非法获利现象。三是坚持交易信息可得，确保直接获取第一手的原始交易信息和数据。四是坚持全面管控风险，既要关注核心企业的风险变化，也要监测上下游链条企业的风险。

二、规范创新供应链金融业务模式

（三）提供全产业链金融服务

鼓励银行业金融机构在充分保障客户信息安全的前提下，将金融服务向上游供应前端和下游消费终端延伸，提供覆盖全产业链的金融服务。应根据产业链特点和各交易环节融资需求，量身定制供应链综合金融服务方案。

（四）依托核心企业

鼓励银行业金融机构加强与供应链核心企业的合作，推动核心企业为上下游链条企业增信或向银行提供有效信息，实现全产业链协同健康发展。对于上游企业供应链融资业务，推动核心企业将账款直接付款至专户。对于下游企业供应链融资业务，推动核心企业协助银行整合"三流"信息，并合理承担担保、回购、差额补足等责任。

（五）创新发展在线业务

鼓励银行业金融机构在依法合规、信息交互充分、风险管控有效的基础上，运用互联网、物联网、区块链、生物识别、人工智能等技术，与核心企业等合作搭建服务上下游链条企业的供应链金融服务平台，完善风控技术和模型，创新发展在线金融产品和服务，实施在线审批和放款，更好满足企业融资需求。

（六）优化结算业务

银行业金融机构应根据供应链上下游链条企业的行业结算特点，以及不同交易环节的结算需求，拓展符合企业实际的支付结算和现金管理服务，提升供应链支付结算效率。

（七）发展保险业务

保险机构应根据供应链发展特点，在供应链融资业务中稳妥开展各类信用保证保险业务，为上下游链条企业获取融资提供增信支持。

（八）加强小微民营企业金融服务

鼓励银行保险机构加强对供应链上下游小微企业、民营企业的金融支持，提高金融服务的覆盖面、可得性和便利性，合理确定贷款期限，努力降低企业融资成本。

（九）加强"三农"金融服务

鼓励银行保险机构开展农业供应链金融服务和创新，支持订单农户参加农业保险，将金融服务延伸至种植户、养殖户等终端农户，以核心企业带动农村企业和农户发展，促进乡村振兴。

三、完善供应链金融业务管理体系

（十）加强业务集中管理

鼓励银行保险机构成立供应链金融业务管理部门（中心），加强供应链金融业务的集中统一管理，统筹推进供应链金融业务创新发展，加快培育专业人才队伍。

（十一）合理配置供应链融资额度

银行业金融机构应合理核定供应链核心企业、上下游链条企业的授信额度，基于供应链上下游交易情况，对不同主体分别实施额度管理，满足供应链有效融资需求。其中，对于由核心企业承担最终偿付责任的供应链融资业务，应全额纳入核心企业授信进行统一管理，并遵守大额风险暴露的相关监管要求。

（十二）实施差别化信贷管理

在有效控制风险的前提下，银行业金融机构可根据在线供应链金融业务的特点，制定有针对性的信贷管理办法，通过在线审核交易单据确保交易真实性，通过与供应链核心企业、全国和地方信用信息共享平台等机构的信息共享，依托工商、税务、司法、征信等数据，采取在线信息分析与线下抽查相结合的方式，开展贷款"三查"工作。

（十三）完善激励约束机制

银行保险机构应健全供应链金融业务激励约束及容错纠错机制，科学设置考核指标体系。对于供应链上下游小微企业贷款，应落实好不良贷款容忍度、尽职免责等政策。

（十四）推动银保合作

支持银行业金融机构和保险机构加强沟通协商，在客户拓展、系统开发、信息共享、业务培训、欠款追偿等多个环节开展合作。协同加强全面风险管理，共同防范骗贷骗赔风险。

四、加强供应链金融风险管控

（十五）加强总体风险管控

银行业金融机构应建立健全面向供应链金融全链条的风险控制体系，根据供应链金融业务特点，提高事前、事中、事后各个环节的风险管理针对性和有效性，确保资金流向实体经济。

（十六）加强核心企业风险管理

银行业金融机构应加强对核心企业经营状况、核心企业与上下游链条企业交易情况的监控，分析供应链历史交易记录，加强对物流、信息流、资金流和第三方数据等信息的跟踪管理。银行保险机构应明确核心企业准入标准和名单动态管理机制，加强对核心企业所处行业发展前景的研判，及时开展风险预警、核查与处置。

（十七）加强真实性审查

银行业金融机构在开展供应链融资业务时，应对交易真实性和合理性进行尽职审核与专业判断。鼓励银行保险机构将物联网、区块链等新技术嵌入交易环节，运用移动感知视频、电子围栏、卫星定位、无线射频识别等技术，对物流及库存商品实施远程监测，提升智能风控水平。

（十八）加强合规管理

银行保险机构应加强供应链金融业务的合规管理,切实按照回归本源、专注主业的要求，合规审慎开展业务创新，禁止借金融创新之名违法违规展业或变相开办未经许可的业务。不得借供应链金融之名搭建提供撮合和报价等中介服务的多边资产交易平台。

（十九）加强信息科技系统建设

银行保险机构应加强信息科技系统建设，鼓励开发供应链金融专项信息科技系统,加强运维管理,保障数据安全,借助系统提升风控技术和能力。

五、优化供应链金融发展的外部环境

（二十）加强产品推介

银行保险机构应加强供应链金融产品的开发与推介，及时宣传供应链金融服务小微企业、民营企业进展情况。

（二十一）促进行业交流

银行业和保险业自律组织应组织推动行业交流，总结推广银行保险机构在供应链金融领域的良好实践和经验，促进供应链金融持续健康发展。

（二十二）提高监管有效性

各级监管部门应根据供应链金融业务特点,加强供应链金融风险监管,规范银行业金融机构和保险机构的业务合作，对于业务经营中的不审慎和违法违规行为，及时采取监管措施。

附录 2 供应链金融自检考试题

一、单选题

1. 下列不属于供应链金融业务营销思路的是（   ）。

A. 研究客户的产业链结构和商业模式，提供整体解决方案

B. 由关系营销转为方案营销

C. 营销核心企业多贷款

D. 开展 N+1 或 1+N 的链式营销

答案：C

2. 供应链融资业务对上游供应商创造的价值有（   ）。

A. 减少存货和在途货物的资金占用，扩大经营规模

B. 扩大产销量和客户群体，提升行业竞争力和品牌地位

C. 减少销售分账户及应收账款管理成本，降低操作风险

D. 提前锁定商品采购价格，防止涨价风险

答案：C

3. 三方保兑仓业务模式项下正确的选项是（   ）。

A. 卖方可以随时发货

B. 凭买方通知，卖方进行发货

C. 卖方凭银行书面发货通知进行发货

D. 买、卖双方商议后，卖方进行发货

答案：C

4. 以下什么项目 / 基础交易不适合做保理业务？（   ）

A. 载有禁止转让条款的电信合同

B. 没有明确付款日期、付款灵活性极强的工程项目

C. 保鲜期较短、无明确标准的水产行业

D. 以上都是

答案：D

二、多选题

1. 下列哪项指标主要反映企业营运能力状况？（　　　）

A. 成本费用率　B. 流动比率　C. 存货周转　D. 应收账款周转率

答案：CD

2. 供应链融资中，根据企业购买原材料、日常生产运营及销售等几个不同环节，其融资模式大概可以分为哪三类？（　　　）

A. 应收账款融资　　　　　B. 存货融资

C. 固定资产贷款　　　　　D. 预付账款融资

答案：ABD

3. 下列哪些项是供应链业务行业选择条件？（　　　）

A. 不属于政策敏感性行业，符合国家产业政策导向，发展前景良好

B. 行业供应链中非核心企业具备一定规模，资金及物流服务需求较大，开拓空间广泛

C. 核心企业上下游账期合理，回款较为及时

D. 商业运作模式较为成熟，产业链较成熟，便于上下游融资企业的开发

答案：ABCD

4. 供应链金融业务的主要特征包括（　　　）。

A. 贸易真实性　B. 交易连续性　C. 资金自偿性　D. 过程封闭性

答案：ABCD

5. 在对购销双方贸易背景审查时，可通过审查以下哪些项目来了解应收账款的合法性？（　　　）

A. 贸易合同是否存在寄售代销的约定

B. 贸易合同是否存在销售不成即可退款的约定

C. 应收账款权属是否清晰

D. 应收账款是否已出质或转让

答案：ABCD

三、判断题

1. 供应链融资中，卖方融资业务的授信风险通常高于买方融资业务。

A. 正确　　　　　　　　B. 错误

答案：B

2. 保理业务融资期限一般较基础交易合同期限长 30 天。

A. 正确　　　　　　　　B. 错误

答案：B

3. 保理业务与保兑仓业务都是 1+N 模式。

A. 正确　　　　　　　　B. 错误

答案：A

四、简答题

题目 1：

一、借款人基本情况

A 公司是天津规模较大的一家高端汽车零部件批发销售企业，成立于2003 年 1 月，与上海大众合作 5 年之多，主要为其提供车轴、轮毂、变速箱等。其应收账款中 50% 以上是上海大众赊账产生的，账期一般在 4 个月左右。

二、财务情况

2018 年末总资产 5 亿元，其中存货 1.5 亿元，应收账款 1.5 亿元。

2019 年末总资产 6 亿元，其中货币资金 1 亿元，存货 1 亿元，应收账款 2.5 亿元，机器设备 1 亿元；总负债 3 亿元，其中流动负债 2 亿元；销售收入 20 亿元，销售成本 15 亿元，净利润 1 亿元。

问题：

1. 经了解，同行业资产负债率在 70% 左右，流动比为 2，速动比为 1.25，应收账款周转天数为 50 天，存货周转天数为 60 天。仅从题干上提供的财务数据简单分析借款人偿债能力、经营能力及市场竞争力等。

（备注：流动比率 = 流动资产合计 / 流动负债合计；存货周转天数 =

360/ 存货周转次数；存货周转次数 = 销售成本 / 存货平均金额）

2. 若上海大众在银行现有 1 亿元买方信用担保额度，A 公司现向银行申请国内保理业务，用于向上游购买钢材，同时，客户针对财务报表优化提出迫切改善需求，请为其设计保理融资方案。

答案：

第一问：资产负债率：同行业资产负债率为 70%；该客户总负债 3 亿元 / 总资产 6 亿元 =50%

流动比：同行业流动比为 2；该客户仅有货币资金、存货、应收账款数据，故（货币资金 + 存货 + 应收账款）/ 流动负债 =（1 亿元 +1 亿元 + 2.5 亿元）/2 亿元 =2.25

速动比：（货币资金 + 应收账款）/ 流动负债 =3.5/2=1.75

应收账款周转天数：360 天 /（销售收入 / 应收账款）=360 天 / 20×2.5=45 天

存货周转天数：360 天 /（销售收入 / 存货）=360 天 /20×1=18 天

该客户的资产负债率、流动比率、速动比率均优于同业，偿债能力较好，同时应收账款周转天数、存货周转天数均低于同业，资产周转速度快，存货占用低，流动性强，企业营运能力强，具有市场竞争力。

第二问：

1. 无追索权保理

额度：A 公司应收账款中 50% 以上是上海大众赊账产生，A 公司应收账款 2.5 亿元，其中 1.25 亿元为上海大众赊账产生。A 公司将对上海大众的所有合格应收账款转让给银行，银行基于应收账款转让，在占用上海大众在银行的保理买方信用担保额度 1 亿元的情况下，对 A 公司保理放款 1 亿元。

融资期限：4 个月。

风险缓释措施：买方书面确认；中登登记；发票验真；合同支付条件、账期、方式、价格审查、是否限制转让、是否合格应收账款；

无追索权保理可协助 A 公司将应收账款出表，改善财务报表。

2. 融资租赁

引入租赁公司

承租人：A 公司

出租人：符合银行授信情况租赁公司

授信：A 公司买方信用担保额度（单额度）

租赁标的物：价值 1 亿元的机器设备

融资期限：符合还款计划

题目 2：

B 公司成立于 1999 年 4 月，2015 年 2 月 17 日在深圳证券交易所创业板完成 A 股上市，公司主营业务为工程建筑项下水污染治理（工业污水处理、市政污水处理及水体修复）、二氧化氯制备及清洁化生产、自来水的生产与供应、土壤修复、固体废弃物处理处置等。业务开展主要通过参与客户招标或邀标等方式来争取业务，业务模式包含工业 EPC、市政 EPC 项目和 PPP 项目等。

营销难点 1：客户在湖南、广西各地设置了多个子公司以便当地中标项目的建设，但由于是新客户，无法通过集团额度切割方式满足子公司的融资需求。

营销难点 2：近两年来，PPP（Public-Private Partnership，政府和社会资本合作模式）模式已逐渐取代传统的工程招投标模式，成为公路、市政工程、轨道交通等基础设施建设方面吸纳社会资本、推动内需、发展经济的新亮点，并由此带动了 PPP 模式项下的保函业务，B 公司积极参与并且中标了大量 PPP 项下的保函业务。

问题：

1. 建筑行业在整个项目建设周期过程中，需要用到哪些保函产品？

2. 针对 B 公司的个性化情况，有何产品可以营销切入？

答案：

第一问：

1. 投标保函：在以招标方式成交的工程建筑、承包等商业行为中，银行应投标人（申请人）的要求向业主方（受益人）出具的、保证如投标人违反投标要求，则有银行按照保函约定向招标人赔付一定金额的款项作为补偿的书面承诺。

2. 履约保函：应工程承包方（申请人）的申请，银行向业主方或发包方出具的、保证承包方严格履行合同义务的书面承诺。如承包方未能按合同约定完成所承建的工程，以及未能履约合约项下的其他义务，银行将受理业主方或发包方的索赔，按照保函约定向业主方或发包方支付不超过担保金额的款项。

3. 预付款（退款）保函：应承包方的要求，银行向业主方或发包方出具的、保证承包方在收到预付款后履行合同义务的书面承诺。

4. 付款保函：应业主方或发包方的申请，银行向承包方出具的、保证业主方或发包方按照承包工程进度支付工程款项的书面承诺。

5. 质量保函／维修保函：应承包方申请，银行向业主方或发包方出具的、保证如工程质量不符合合同约定而承包方又不能依约更换或维修时，按业主方或发包方的索赔予以赔付的书面承诺。

第二问：

1. 分离式保函：鉴于 B 公司的分子公司分布较广，以分子公司自身名义承接项目，因此银行可以基于分子公司分离式保函的额度，授信申请中明确非融资类保函额度可办理子公司分离式保函业务。

银行应申请人的要求，以出具保函的形式向受益人承诺，当申请人指定的被保证人不履行合同约定的义务或承诺的事项时，由银行按照保函约定代为履行债务或承担责任。与传统保函业务的申请人与被保证人为同一主体不同，分离式保函业务的申请人与被保证人为不同主体。

2. PPP 项下保函：鉴于客户中标了大量 PPP 项目，可考虑 PPP 项下保函的开立，业务品种为非融资类保函。

鉴于与常规的工程履约类保函相比，PPP 项下保函对申请人资质、财务能力等方面有更高的要求，因此，经营机构应优先将上市公司等大客户列为目标客户。

题目 3：

一、借款人基本情况

A 公司（以下称为借款人）成立于 2010 年 10 月，股东有 2 人，注册资本为 1000 万元。借款人具有医药批发的认证，主要承销治疗癌症的西药药品，没有发生药品质量问题。

二、借款人实际情况

借款人的主要上游渠道商为大型国企制药 B 企业，已经合作 2 年，结算周期为 3 个月。B 企业为当地知名制药企业，药品质量好。借款人的主要下游渠道商为武汉市 C 医院和 D 医院，已经合作 2 年，结算周期一般为 6 个月左右。这两家医院为三级甲等医院，知名度高，效益好。

三、借款人融资需求

2014 年 5 月，借款人向银行申请流动资金贷款。借款人可提供近两年真实、有效的合同、发票；下游医院愿意为借款人与其之间因药品买卖产生的债权进行确认，借款人无抵押物。经查实，借款人没有违约记录和商业纠纷案件。

问题：

1. 你觉得借款人比较适合银行哪类授信产品？说明至少三点理由。

2. 你觉得应重点调查哪些方面及内容？

3. 请从偿债能力、盈利能力和经营效率指标考虑，你觉得借款人是否可以申请贷款？请说明理由。

医药贸易 A 公司 2012 年 12 月资产负债表

资产	年初值	期末值	负债及股东权益	年初值	期末值
流动资产：	0	0	流动负债：	0	0
货币资金	4500000.00	4510000.00	短期借款	8000000.00	21500000.00
应收账款	46750000.00	49590000.00	应付账款	28690000.00	19060000.00

资产	年初值	期末值	负债及股东权益	年初值	期末值
应收票据	0	0	其他应付款	9800000.00	9800000,00
预付货款	0	0	未交税金	200000.00	160000.00
其他应收款	0	0	其他未交款	0	10000.00
			流动负债合计	46690000.00	50530000.00
存货	8760000.00	12280000.00	长期负债	0	0
流动资产合计	60010000.00	66380000.00	负债合计	46690000.00	50530000.00
固定资产	330000.00	610000.00	实收资本	10000000.00	10000000.00
在建工程	0	0	资本公积		
固定资产合计	330000.00	610000.00	盈余公积		
无形资产	0	0	未分配利润	3650000.00	6460000.00
其他资产	0	0	所有者权益合计	13650000.00	16460000.00
资产总计	60340000.00	66990000.00	负债及所有者权益总计	60340000.00	66990000.00

医药贸易 A 公司 2013 年 12 月资产负债表

资产	年初值	期末值	负债及股东权益	年初值	期末值
流动资产:	0	0	流动负债:	0	0
货币资金	4510000.00	4516232.00	短期借款	21500000.00	29000000.00
应收账款	49590000.00	52126775.00	应付账款	19060000.00	8012943.00
应收票据	0	0	其他应付款	9800000.00	5000000.00
预付货款	0	0	未交税金	160000.00	129124.00
其他应收款	0	0	其他未交款	10000.00	5565.00
			流动负债合计	50530000.00	42147632.00
存货	12280000.00	9401744.00	长期负债:	0	4800000.00
流动资产合计	66380000.00	66044751.00	负债合计	50530000.00	46947632.00
固定资产	610000.00	464311.00	实收资本	10000000.00	10000000.00

续表

资产	年初值	期末值	负债及股东权益	年初值	期末值
在建工程	0	0	资本公积		
固定资产合计	610000.00	464311.00	盈余公积		
无形资产	0	0	未分配利润	6460000.00	9561430.00
其他资产	0	0	所有者权益合计	16460000.00	19561430.00
资产总计	66990000.00	66509062.00	负债及所有者权益总计	66990000.00	66509062.00

医药贸易 A 公司 2013 年 12 月损益表

项　　目	本年累计数
一、主营业务收入	120802176
减：营业成本	107768186
营业税金及附加	196792
二、主营业务利润（亏损以"–"号表示）	12837198
加：其他业务利润（亏损以"–"号表示）	
减：营业费用	3255388
管理费用	2429514
财务费用	3029207
其中：汇兑损失	
三、营业利润（亏损以"–"号表示）	4123089
加：投资收益（损失以"–"号表示）	
期货收益（损失以"–"号表示）	
补贴收入	
营业外收入	
减：营业外支出	
加：以前年度损益调整（调减负号表示）	

续表

项　　目	本年累计数
四、利润总额（亏损以"–"号表示）	4123089
减：所得税	1030771
少数股东损益	
五、净利润（亏损以"–"号表示）	3092318

答案：

第一问：

比较适合保理业务。

理由：第一，客户实力本身一般，但交易对手实力较强；第二，上下游比较稳定，且履约能力比较强，买卖商品标的物为药物，标准易量化；第三，结算周期比较适合开展保理业务。

第二问：

重点了解企业结算方式、账期是否与业务相符、企业的年销售额及是否有冲销交易等。

题目 4：

A公司主要从事加工业，无子公司，无外币业务，向B银行申请贷款500万元，用公司的自有商业用房抵押，已出租年租金收入50万元，按商业用房评估值为1000万元，以及公司的生产线作抵押，评估值为250万元。A公司于上年至本年连续更换了3个财务主管。公司近三年的现金流量情况和各项财务指标如下：

A 公司近三年现金流量情况　　　　单位：万元

项　　目	前年	上年	本年
总资产	10000	15000	30000
所有者权益	4000	5250	12000

续表

项　　目	前年	上年	本年
流动资产	5000	7700	16200
应收账款	2500	3750	8250
存货	2000	3000	6200
流动负债	4000	7000	18000
销售收入	10000	12500	15000
销售成本	7000	10000	14800
净利润	450	500	510
经营活动净现金流	1500	500	−400
投资活动净现金流	−200	−800	−900
筹资活动净现金流	−700	600	1000

A 公司近三年比率指标：行业平均值　　　　单位：%

项　　目	前年	上年	本年
应收账款周转率	3.8	4	3.5
存货周转率	4.1	4.5	4.6
资产负债率	65	63	60
流动比率	1.20	1.20	1.25
净利润率	4.3	4.8	5.2

问题：

1. 计算公司上年应收账款周转率、存货周转率、资产负债率、流动比率、净利润率。

2. 如上年末该公司货币资金为 1100 万元，请问本年货币资金余额应为多少（不考虑特定用途货币资金及现金等价物）？

3. 根据以上提供的情况，请结合财务分析、现金流量分析、非财务因素分析和担保分析谈谈你对该贷款的决策及理由。

4. 本年固定资产未进行处置或转让，重大固定资产变动均涉及所有者权益变动，推测本年可能发生的同时涉及固定资产及所有者权益的重大交易或事项，并分析该交易或事项对公司偿债能力、盈利能力或营运能力的影响。提醒注意与本题其他数据的一致性。

答案：

第一问：

1. 4　　　2. 4　　　3. 65%　　　4. 1.1　　　5. 4%

第二问：80

第三问：建议授信不介入。

第四问：可能涉及固定资产买卖。

题目 5：

A 公司成立于 2002 年 9 月，注册资本为 490 万元，专业制作和安装房屋门窗，信用评估等级为 AAA 级。公司现租赁原园林村五金厂的场地，新厂区位于科技园区，占地 11 亩，建筑面积近 3000 平方米。目前，新厂房已装修结束，达到生产条件，价值约为 500 万元，尚未使用；帕萨特、本田和货车各一辆，目前估值约为 35 万元；自动焊接机、冲床、铝合金设备等约为 300 万元；存货（铝材、塑钢型材、玻璃等原料和已完成的窗户）总价约为 290 万元；工程未结款及质量保证金约为 560 万元。

A 公司于 2016 年 2 月在 B 银行贷款 300 万元，期限是 2016 年 2 月 12 日至 2017 年 1 月 20 日，年利率为 8.16%。贷款到期前正常支付利息。该笔贷款由 C 房地产开发公司提供保证担保，该开发公司 2016 年末资产总额为 2079 万元，负债总额为 1162 万元，注册资本 800 万元。

经专题调查发现：（1）A 公司目前在手的项目有七个，合同金额共 1700 万元，均未完工，甲方严格执行合同无法结算；（2）A 公司货款回笼多以现金的形式，支票、本票等票据往往直接背书转让，从银行账面反映得不多；（3）借款人以自然人名义在他行借款出现多次逾期现象，借款人在品格、还款意愿上存在的不足；（4）该客户尽管以往也有过逾期的记录，且有大额资金赌博现象；（5）借款人的新厂房（10 亩地、3000

平方米的厂房及办公楼）已抵押给交通银行，2017年1月才转贷200万元，期限为1年；从何远处借款210万元，新厂房的两证押在何远处（贷款逾期后发现）。目前新厂房已租给××汽车租赁公司，可能另有100万元的个人借款；（6）保证人在贷款到期后无能力履行代偿责任。

分析该案例，请回答下列问题：

1. 对于客户经理岗位来说，该笔贷款业务存在哪些风险点？

2. 该客户经理当前应建议银行采取哪些措施？

3. 今后办理此类业务时客户经理应把握哪些要害？

答案：

1. 该笔贷款存在的主要风险点包括：

（1）企业经营现金流风险。企业目前大量应收账款尚未结算，面临现金流经营压力较大；

（2）财务核算风险，企业在会计核算中存在大量的坐支情况，贷款债权人无法有效监控企业资金流；

（3）股东个人还款信誉较差，存在赌博和违约记录；

（4）企业法人经营持续性存在风险，其经营场所为租用，自有场所已经抵押他行；

（5）保证人资格和违约风险。

2. 采取措施：

（1）冻结企业基本账户，要求企业追加其剩余设备、存货进行抵押；

（2）书面提示担保人要求明确其担保责任，否则提起诉讼；

（3）要求企业追加其在建项目合同中，甲方回款账号必须为本行基本账户，同时书面提示项目甲方；

（4）要求企业提前归还贷款。

3. 加工企业贷款控制风险点：主要包括企业现金流、法人经营场所、担保方式必须为抵押、股东征信情况、企业征信情况、企业财务核算情况。